発達障害&グレーゾーン幼児の

ことばを引き出す遊び53

著 寺田奈々

言語聴覚士
なな先生が考案！

すぐに試せる
絵カード付き

誠文堂新光社

この本を手に取ってくださった方へ

　はじめまして。言語聴覚士の寺田奈々ともうします。

　言語聴覚士（ST：Speech-Language-Hearing Therapist）は、聞こえ・ことば・声・コミュニケーション・読み書き学習・食べることなどの専門分野を持つ国家資格。その子／その人らしいコミュニケーションを支援する専門職です。私は、「ことばの相談室ことり」という言語相談室を主宰し、おもに子どものことばの発達の相談に乗っています。

　言語聴覚士の多くは支援センターのような公的機関や病院などで働いていますが、子どもを対象とする言語聴覚士はとても少ないのが現状です。言語聴覚士の資格を持つ人が全国に4万人

弱、そのうち「小児言語・認知」の臨床に従事する人の数は５０００人弱（2023年現在・日本言語聴覚士協会ホームページより）。言語聴覚士に相談したいとなったときに、なかなか相談先を見つけられない方が多く、心苦しいです。

　この本のテーマである、ことばや聞こえ、発達の支援や相談を必要としているのは、発達障害や知的障害、グレーゾーンのお子さん、難聴のお子さん、吃音を持つお子さん、発音や滑舌の苦手（構音障害）を持つお子さんなど、さまざまです。言語聴覚士が直接支援に携わる機会はまだ少ないですが、もしかしたら外国にルーツがあり日本語で暮らすお子さん、海外に住み家庭で日本語を使うお子さんなどにも参考にしていただけるかもしれません。

もちろんここで挙げたお子さんすべてがことばの遅れやことばのお悩みを持つわけではないと思います。ただ、相談先が見つからない方や、相談に行く時間的・物理的な余裕がないけれども、手がかりを得たい、という方は少なからずいて、そのような方に届いてほしいという思いでこの本を執筆しました。

　または、ここで挙げたような背景やお悩みがなくとも、子どものことばや発達について知りたい、"ことば育て"に取り組みたい、日頃どんなふうに遊んだらいいのか知りたい、と思っておられるおうちの方にぜひ読んで、実践していただけたらと思います。

ご紹介しているおもちゃや絵本は、なるべく「ことば」に注目した視点や遊び方を解説しています。ひょっとしたら、一般的な遊び方とちょっと違うぞ？と思われるかもしれません。ですが、本来、遊びは楽しく自由なもの。どのような遊び方でもお子さんに楽しんでもらえたらそれが一番だと思います。肩の力を抜いて、ぜひ楽しい時間を過ごしてくださいね。

　それから、子どもはお母さんやお父さんだけでなく、おじいちゃんおばあちゃん、いろいろな人とのかかわりの中で成長していきます。ぜひみなさんで取り組んでみてください。

寺田奈々

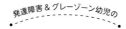

発達障害&グレーゾーン幼児の

ことばを引き出す遊び53

Part 1 「ことば」はどんなふうに育っていく？

コラム

Part 2 「ことば」を育てる おもちゃ・絵本

ことばを引き出すおもちゃ

番外編

コラム

ことばを引き出す絵本

ほかにもおすすめ! ことばを引き出す絵本　　120

（番外編）

（コラム）

Part 3 「ことば」にまつわるQ&A

ことばを引き出す オリジナル絵カード

Part 1

「ことば」は
どんなふうに
育っていく？

子どものことばがどのように育まれるのか、
保護者や周りの大人が知っておきたいことを紹介します。

01

赤ちゃんはことばを どう聞いているの？

❝「あー」「うー」から始まる4ステップ❞

「ことば」はそれだけが単独で育つものではなく、体や心のさまざまな成長・発達とともに育っていきます。生まれたばかりの赤ちゃんが最初に発する音は産声ですが、そのうち「あー」「うー」と自ら声を出すように。そこから「ことば」を理解したり話したりできるようになるまでは、大きく4つのステップがあります。

はじめはメロディのように聞く

　ステップ1は生後0〜3ヵ月頃。この時期の赤ちゃんは、流れるメロディやリズムのように周囲のおしゃべりを聞いています。胎児のときからママのおなかの中で耳にしていた母語の聞き取り練習始まったばかりです。

　ステップ2は生後4〜6ヵ月頃。首がすわり、視界が広がると、視界に入ったものを目で追うことができるようになります。目からの情報と耳からの情報を取り込んでいけるようになるのがこの時期。人の声や物音がした方向を向くようになります。「あー」「うー」というはっきりした声も出せるようになります。

1歳頃に簡単なことばを理解

　ステップ3は生後7〜9ヵ月頃。記憶力も徐々に育っていき、家族とそれ以外の人が区別できるように。人見知りがはじまる子もいます。離乳食がはじまり、お口をよく使うようになるとともに、「マママ」「ダダダダ」などの同じ音を繰り返す喃語も話せるように。声を出して人を呼んだり、声を使ってコミュニケーションを取れたりすることが増える時期です。

　ステップ4は生後10〜12ヵ月頃。1歳前後になると、見たもののイメージを頭の中で思い描く力が育ち、相手の視線からいろいろなサインを読み取れるようになることで、身のまわりの簡単なことばを理解できるようになります。いろいろな音を並べた「宇宙語」風のことばが出てくる子もいます。

　このように、生まれたばかりの赤ちゃんはゆっくりと時間をかけて、ことばを理解し、お話をする力を少しずつ身につけていきます。

こんなふうに、お話をして、お話を聞いて、お話をします！

STEP 1
0〜3ヵ月
世界に「はじめまして」
聞き取りの練習がスタート。ことばはまだクゥクゥという声（クーイング）を出せるだけ

STEP 2
4〜6ヵ月
「あー」「うー」と発声できるように
呼吸や発声が上手になり、はっきり「あー」と言えるようになる

STEP 3
7〜9ヵ月
声を使ったコミュニケーションが活発に
声で人を呼んだり、声を使ってコミュニケーションが取れたりするように

STEP 4
10〜12ヵ月
宇宙語を話す
おしゃべりしているような抑揚をつけて宇宙語のように話すようになる

02

私たちの「ことば」は こんなふうに育ちます

❝ ことば・心・体は一緒に育っていく ❞

　私たち人が「ことば」を話せるようになるまでには、いろいろな準備があります。

　まずは、耳の準備。音がよく聞こえ、聞き分けられること。音が聞き取れるようになると、どんな意味だろう？ と周りの状況と結びつけてことばの意味を探りはじめます。

　さらに、気持ちいい・痛い・嬉しい・悲しい・びっくりなどの感情を抱き、周囲の人に伝えたい気持ちが育ちます。それから、声がよく出ること、唇や舌がよく動くことも大切ですね。

　このように、ことばと心（感情）そして体の発達は、それぞれが並走し、合流し、また複雑に分かれながら一緒に育っていくのです。

ことばの誕生から2語文まで

　周囲の人から話しかけられていることが少しずつわかるようになりしばらくすると、赤ちゃんは「初めてのことば」をぽつぽつと話し出します。

その後、しばらくはゆるやかにことばの数が増えていきますが、言えることばが50語前後を超えたあたりから、ことばの数は急速に増加します。

やがて、2つや3つのことばをつなげてお話をする2語文・3語文の発達が続きます。まずは「ワンワン　いる」「ママ　だっこ」のような2語文の時期が1年ほど続いた後に、「ぼく　おちゃ　のむ」のようにカタコトの3語文を話せるようになっていきます。

「ぼくはお茶を飲むよ」のように、助詞などの細かなパーツが整ってくるまでには、もう少し時間がかかります。

生まれてからことばを獲得するまでの発達プロセスではどのようなことが起きているのか、次ページから具体的にご紹介していきましょう。

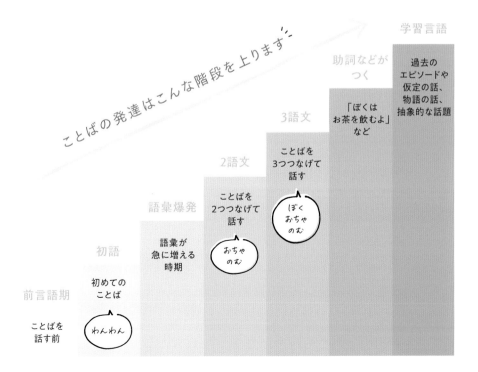

ことばの発達はこんな階段を上ります

前言語期
ことばを話す前
わんわん

初語
初めてのことば

語彙爆発
語彙が急に増える時期

2語文
ことばを2つなげて話す
おちゃのむ

3語文
ことばを3つなげて話す
ぼくおちゃのむ

助詞などがつく
「ぼくはお茶を飲むよ」など

学習言語
過去のエピソードや仮定の話、物語の話、抽象的な話題

03

「ことば」が
生まれる前のステージ

" 赤ちゃんにとってことばはメロディ "

　胎児の聴力の発達は妊娠4ヵ月頃から。お母さんのおなかの中にいるときから、赤ちゃんは胎内で周囲の音を聞いているのです。とはいえ、「ことば」として理解しているわけではありません。おもに聞いているのは、胎内を伝わってくるお母さんの声。羊水などを経由して耳に入ってくるため、発音の細部はぼんやりしています。声の強さや弱さ、抑揚、リズムなどを感じ取っている段階です。

メロディを受け止める練習中

　聞く力が育ってくるのは、生後3ヵ月頃から。首がすわるようになり、赤ちゃんは音がする方向を向き、音源はどこかと探すようになります。周りの環境音、たとえばおもちゃから出る音色、レジ袋のカサカサという音、玄関のカギのガチャガチャした音などを聞き、音を手がかりに状況を読み取る力も育っていきます。

　この時期になると、録画や録音した話し声よりも、人から直接話しかけられる肉声に、より強く反応することが調査からわかっています。生後6ヵ月頃までの赤ちゃんにとっては、ことばは自然と耳に入ってくる

メロディのようなもの。その後、次第に音の流れを意味のあること
ばに切り分けて聞くようになり、ことばの理解が少しずつ進んでい
きます。

\ 胎内の赤ちゃんも音を感じている！ /

04

指差しはことばのはじまり

> ## 指差した先にある意味を追う

　ことばが流れるメロディだった時期を経て、次は話しかけられたフレーズから「単語の切り出し」を練習する段階へと進みます。

　たとえば、授乳のたびに「ミルクの時間だよ〜」と話しかけていると、赤ちゃんは「いつも似たような音の並びが聞こえてくるぞ」と繰り返しのパターンに気がつくようになるかもしれません。音の流れから「ミルク」という単語を切り出し、状況と意味を結びつけていきます。

バイバイ＝お別れの場面だと理解

　およそ生後7〜9ヵ月頃には、ことばの理解が少しずつ始まっていきます。この頃の赤ちゃんは、「そのことばがどんな状況で使われているか」を知ることでことばが持つ音と“意味”を結びつけて理解していきます。

　たとえば、お別れの場面で「バイバイ」をされたり、するように促されたりを繰り返すうちに、「バイバイ」ということばと「お別れする」という場面が結びついていくのです。

指差しの先を見るように

　また、生後10ヵ月くらいになると、ことばが芽生える前段階の準備である「指差し」がはじまります。

　この頃には周囲の大人が「あっちだよ」と指差した方向に顔を向けたり、大人の視線の先を追い、「パパは何を見ているんだろう？」がわかるようになります。指差しの理解が進むと、やがて「これを見て」「あれを取って」という具合に、自分の意思表示のツールとして「指差し」を使用するようになります。指差しを使いこなせるようになると、指差す先にある「もの・こと（対象）」と「誰か（相手）」、そして「自分」を、見えない糸で結んだ、三角形（3項関係）が成立します。

　3項関係が成立し、同じものに注目できるようになると、新しいことばの獲得が次第にスムーズになっていきます。ことばの発達には、指差しの獲得が重要です。

【 3項関係の成立 】

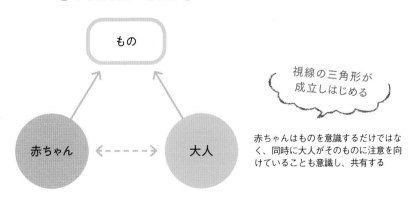

視線の三角形が
成立しはじめる

赤ちゃんはものを意識するだけではなく、同時に大人がそのものに注意を向けていることも意識し、共有する

ことばが出るのは
ピラミッドのてっぺん

> ## " 1歳頃からぽつぽつ期がはじまる "

　1歳を過ぎたあたりから、「ママ」「パパ」「ぶーぶ」「バイバイ」「ちょーだい」のような簡単なことばをぽつぽつと話しはじめる「ぽつぽつ期」を迎えます。

　誕生から約1年の準備期間を経て、ようやくことばの表出（＝話す）へと進んでいくのです。

ことばの表出には準備が必要

　ことばの発達ステップを図にまとめると、「話す」はピラミッドのてっぺんであり、それを支える土台として右図のような3層があります。

【 ことばの表出ピラミッド 】

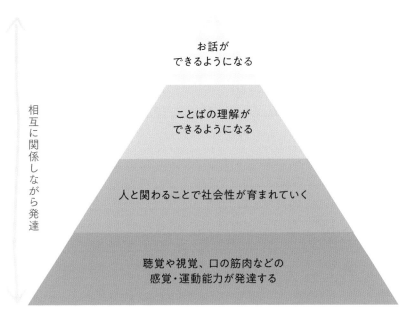

相互に関係しながら発達

お話が
できるようになる

ことばの理解が
できるようになる

人と関わることで社会性が育まれていく

聴覚や視覚、口の筋肉などの
感覚・運動能力が発達する

　この4層は、相互に関係しながら発達していきます。ちなみに、上図のピラミッドの頂点のさらに上には、発音や滑舌がはっきりと明瞭になる段階（4〜6歳頃に完成）も控えています。

　普段はあまり意識せず使っている「ことば」ですが、「話す」力を獲得するまでには、このようにたくさんの準備があるのです。

06

大人が気づく
ことばの遅れのサイン

> ❝ 「ことばが出ない」以外にもサインはさまざま ❞

　ことばの発達ペースには個人差がありますが、多くの保護者は「同年代の子と比べるとちょっと遅いのでは？」と感じて悩んでいるケースが多いようです。幼児期に多いことばの悩みには次のようなものがあります。

　1歳代であれば、「ことばが出ない」「ママママのように同じ音を繰り返す喃語しか言わない」「指差ししない」などの様子をきっかけに、ことばの遅れを心配する保護者が多いです。

　2歳代では、「ことば（単語）が増えない」「何かを言ってはいるようだけれど、具体的なことばになっていかない」など。

　3歳代では、「単語でのおしゃべりばかりで、2つのことばをつなげて文にするようなおしゃべりができない」「宇宙語のようで何を言っているのか親以外にはあまりわかってもらえない」などの様子が気になるサインかと思います。

4歳を過ぎると悩みが細分化

　プレ学習期（36ページ参照）の4歳代以降になると、「助詞を使ったり動

詞を活用したりする、細かな言い回しが苦手」「"ひこうき"を"とーち"など、断片的な音で言い表すことが多い」「会話のやり取りが成立しづらい」「説明が苦手」「発音できない音がある」などの悩みに分かれていきます。

「ここに挙げたサインが見られる＝ことばの遅れが必ずある」とは言いきれませんが、年齢に沿った発達の目安として参考にしてください。

また、ことばの発達に引っかかりや不安を少しでも感じているのであれば、保護者だけで抱え込むのではなく、自治体や医療機関の発達相談や言語相談室で子どもの様子を一度見てもらうことをおすすめします。

＼ よく見られる年齢別のことばの悩み ／

1歳代

- ☑ ことばが出ない
- ☑ 喃語（あーうー、ばばばなど）しか言わない
- ☑ 指差しをしない

2歳代

- ☑ ことばが増えない
- ☑ 具体的なことばになっていない

3歳代

- ☑ 文でのおしゃべりがない
- ☑ 宇宙語のよう

4歳代〜

- ☑ 細かな言い回しが苦手
- ☑ 断片的な音で言い表す
- ☑ やり取りが成立しづらいなど

07

ことばの発達がゆっくりかも？ と思ったら

❝ ことばを引き出すアクションを ❞

　ここまでは「赤ちゃんがことばを理解し、話せるようになるまで」の プロセスを解説してきました。とはいえ、体の成長が子どもによってそ れぞれ異なるように、ことばの発達にも個人差があります。本書でご紹 介している発達年齢の指標は、あくまでゆるやかな目安として受け止め てください。

　一方で、「うちの子、ことばの発達がゆっくりかも？」と少しだけ心 配を感じているのであれば、普段の声かけや対応に丁寧に取り組むこと で子どものことばを引き出すことができるかもしれません。

わが子の遊びをじっと観察する

　まずは、わが子をよく観察することから始めましょう。子どもの関心 が向かう先は、一人ひとりでまったく異なります。目線の向かう先や子 どもの動きをよく観察すると、「積み木を椅子の背の隙間から落とした い」「遠くのミニカーに手元のトラックをぶつけたい」「同じ色の葉っぱ同 士を集めたい」など、遊びの場面の一瞬一瞬にその子なりの「意図」が 見つかるはずです。

　意図が見えたら、そこに大人がそうっと参加してコミュニケーション

を試みてみましょう。「ことばを言う・言わせる」ことだけにこだわると、あまりうまくいきません。ものを手渡しして「はいどうぞ」と伝える、うまくできたら目を合わせて「わぁ！」と驚く、交互にボールを入れ合いっこする。こうしたやり取りも、ことばを育てるための重要なコミュニケーションです。

　子どもの行動に先回りして手を出したり、言いかけたことばを横取りしたりするのではなく、子どものペースに合わせてゆったりとキャッチボールをする気持ちで一緒に遊んでみましょう。

\　まずは観察から始めよう　/

何がしたいのかな？

もく

もく

08

発達障害・グレーゾーンの子と ことばの遅れ は関係ある？

" 発達障害 などに 由来する ケースも "

　ことばにまつわる苦手・お悩みは、発達障害や知的障害、難聴などに由来している場合もあります。そうしたケースのお悩みには、「ことばの発達が遅い」「発音や滑舌の悩み（おしゃべりが不明瞭）」「コミュニケーションが苦手」「読み書きが苦手」「吃音などおしゃべりのお悩み」などがあります。

　ことばの発達がゆっくりな子どもであっても、ことばの発達の順序は基本的には同じです。ただし、年齢に合わせるのではなく、発達のペースに合わせたかかわりが必要になります。

　また、「理解力があるけれどお話をするのが難しい」「知っていることばがたくさんあっても人とコミュニケーションを取るのが苦手」のように、領域ごとの得意・不得意にギャップがある場合には、そのギャップを丁寧に把握することが大切です。

　あるいは、サ行やカ行の発音が苦手（構音障害）、読み書きが苦手、吃音など、悩みが特定の領域に絞られている場合には、それぞれに応じた支援を得られることが望ましいです。

　とはいえ、すぐには十分な支援を受けられないということも残念なが

ら多いでしょう。そうした場合には、24ページ「ことばの発達がゆっくりかも？と思ったら」や後述の内容を参考に、子どもへのかかわりを実践していきましょう。

発達障害の診断より先に「聞こえ」検査も

ことばの遅れが気になるのであれば、まず確認してほしいのは「聞こえているかどうか」の検査です。

ことばの獲得は、聴力と密接にかかわっています。赤ちゃんは耳からことばを聞いて音を捉え、自分でもその真似をして音を発するようになります。さらに、自分の発した音を自分の耳で聞くことによって、おしゃべりが少しずつ明瞭になっていくのです。音が聞こえにくいなど難聴の症状がないか、一度小児の耳鼻科でチェックしてみてください。

また、聴力が正常であっても、口や舌などおしゃべりに使う器官に支障があっておしゃべりがうまくできないケースもあります。滑舌が気になる場合は、小児科や耳鼻科、歯科で相談してみましょう。

＼ ことばの遅れに悩んだら ／
まずは相談できる場につながろう

言語聴覚士に相談できる場所

- 自治体の児童発達支援センター
- 発達外来がある小児科などの医療機関
- 言語聴覚士の養成校や養成大学

子どもの療育の場で活動する「ことばの専門家」＝言語聴覚士の数は、残念ながらまだ少ないのが現状です。それでも、左記の３つの場であれば言語聴覚士につながる可能性があります。お住まいの近くでぜひ探してみてください。

09

吃音は治せますか？

> ❝ 吃音の7割は自然に治っていく ❞

「ぼ、ぼ、ぼくね」「こ、こ、こ、こんにちは」のように、話し始めのことばがつっかえたり、どもったりすることを「吃音」と呼びます。始めの音を繰り返す以外にも、「こーんにちは」と音を引き伸ばす症状や、「……っこんにちは」と音がつまって出づらくなる症状があります。

　3〜5歳頃に始まることが多いこの吃音ですが、20人に1人くらいの割合で現れる症状であり、意外と珍しいものではありません。

　子どもの吃音が始まると、驚いてしまう保護者も少なくありません。ですが、言い直しを求めたり、「ゆっくり話してごらん」とアドバイスをしたりの対応は必要ありません。「話し方」よりも「話の内容」に耳を傾け、子どものことばを先取りせずに最後まで聞くことをまずは意識しましょう。

　周囲から話し方を真似されるなど、からかいを受けると吃音が悪化することやおしゃべりが苦手になることがあります。園や学校の担任の先生に相談し、からかいはやめさせてもらいましょう。

　吃音の原因はまだよくわかっていませんが、遺伝や生まれ持った体質の影響が強いといわれています。しつけが厳しすぎた、甘やかしすぎたなど、育て方のせいではありません。

　また、子どもの吃音の7〜8割は特に何もしなくても1〜2年ほどで消えていきます。

吃音が残った場合にも備えて

　一方で、2〜3割の子どもは大人になってからも吃音が残ります。1年以上経っても吃音が消えない、年齢が4〜5歳を過ぎている、などに該当するようであれば、言語聴覚士、もしくは吃音に詳しい耳鼻科・小児科に相談することをおすすめします。

　言語聴覚士のもとでは、聞き手の対応やお話しをする環境の調整、楽に話せるようになるための練習、吃音が出たときの対処法の練習などに取り組みます。完治が難しいこともありますが、子どもの状況に合わせた環境調整により、吃音の症状を軽くすることを目指します。本人と周囲が吃音の正しい知識を身につけ、適切な対応が取れるようになれば、吃音とうまく付き合っていける方法が見つかります。

＼　吃音で受診するまでの流れ　／

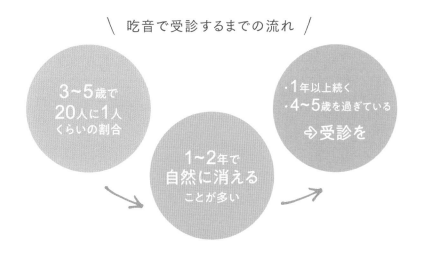

・3〜5歳で20人に1人くらいの割合

・1〜2年で自然に消えることが多い

・1年以上続く
・4〜5歳を過ぎている
⇒受診を

10

「ことば」の力を
一緒に育てていく

" 話す以外のことばの力 "

　子どものことばを観察するために、言語聴覚士が大切にしている視点をいくつかご紹介します。

　ことばには、理解が先に進み、そのあとお話をするという原則があります。進みがゆっくりな子どもであっても、おおむねその原則で進みます。そのため、ことばの力は「理解すること」と「表出すること」に分けて考えます。

　「ことばをまだ話しません」とご相談があったときは、まずは理解力の観察から始めます。理解力は、ことばの指示に応じて動けるかなどですが、その前段階には「状況の理解」があります。身のまわりの状況理解が積み重なっていくことで、ことばの理解につながっていくのです。

　「表出」は「お話をする力」のことじゃないの？　と思われた方もいるかもしれません。私たち言語聴覚士は、話す以外の身振り・仕草・声を出す・表情など、ノンバーバルの表出もすべて、ことばの力と考えます。ですから、「話す」とは言わず、幅広いアウトプットのことを指して「表出」という表現を使います。

目の前のわが子を観察して見守る

　ことばの遅れにはさまざまな背景があり、一人ひとりに異なった状況があります。その背景を知る一番の手がかりは、お勉強ではなく日々の「遊び」です。

　目の前のわが子はどんなことが好きで夢中になるのか、ことばの理解やアウトプットの発達段階は今どのあたりにありそうかを、日々の遊びやコミュニケーションから少しずつ探っていきましょう。

　次のPart2では、ことばを育てるおもちゃや絵本を提案していきます。

＼ 生活の中でことばを育もう ／

ことばの相談室ってこんなところ

　私が主宰する「ことばの相談室ことり」へのご相談は、ことばが出ない、ことばが遅い、吃音がある、おしゃべりが不明瞭、学習面で気になることがあるなど、お子さんのことばのお悩みが中心です。ことばにまつわるお悩みは外からは見えづらく、「育て方のせい」「本人の努力不足」など、誤解されることも多いもの。ひとりの言語聴覚士として伴走者になり、「ことばを育むお手伝い」をできたらと思います。

　ことばの相談室には、この本でも紹介しているたくさんのおもちゃに加えて、それぞれに合った学びを支援するためのことばの教材を用意しています。

　お子さんが保護者と一緒にご来室されたら、お子さんとマンツーマンで言語療法に取り組みます。ことばの芽生え期のお子さんには、遊びの中にことばを引き出す"ねらい"をこっそり混ぜておくので、見かけ上はただ遊んでいるだけのように見えるかもしれません。少し年長のお子さんでは、ちょっぴり難しい課題の中にも、楽しさや達成感を感じられる工夫を盛り込むようにしています。

　お子さんの現在とこれからについて、保護者と話し合うことを大切にしているので、実施中の様子を見てもらい、終わった後はそのときの様子をふりかえり、成長を実感してもらえるようお伝えしています。

ことばの相談室はこのようにアットホームな雰囲気です。おもちゃや絵本もたくさん。

Part 2

「ことば」を育てる
おもちゃ・絵本

なな先生が選んだ、ことばを引き出しやすいおもちゃや絵本を紹介します。
ことばかけの例もたくさん盛り込みました。

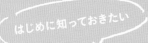

おもちゃ・絵本の遊び方

Part2では、楽しく遊びながら「ことばの力」が育つおすすめのおもちゃ・絵本と、
それぞれの遊び方のポイントを紹介していきます。
すべてのおもちゃに共通するのは、「ことばがけをしながら一緒に遊ぶ」こと。
次に紹介する5つのポイントを参考にしながら実践していきましょう。

はっきりした色を選ぼう

　せっかく買ったおもちゃで遊んでくれないのは、タイミングがまだ早いの
かもしれません。3ヵ月後、半年後などにもう一度トライしてみましょう。ま
た、低月齢の子どもははっきりした明るい色を好みます。おしゃれなインテ
リアとはマッチしないかもしれませんが、おもちゃに関しては「THE原色」と
いうくらい強い色がおすすめです。

　ことばを引き出す目的で絵本を選ぶな
ら、指差しを引き出しやすい・同じパター
ンやフレーズが反復する・特定のフレーズを
子どもが担当することができる・絵の中に
いろいろなものが隠れている・文字がない
絵だけの絵本でことばを交わしながら読め
る、などの視点で選んでみましょう。

ことばの相談室ではこんな踏み台を
テーブル替わりにすることも♪

目線を少し上げて
アイコンタクトを

　床に置いて遊べるおもちゃもたくさん紹
介していますが、目と目を合わせて「どう
なるかな?」といったやり取りが生まれや
すいように、ローテーブルや踏み台などを
活用して、床から少し目線を上げた環境を
つくりましょう。

大人のリアクションは控えめに

　子どもの興味を引くために無理に盛り上げたり、リアクションを大げさにしたりする必要はありません。ことばかけを行い、リアクションはむしろ控えめにして、子どもの様子を見守りましょう。ことばの発達がゆっくりな子どもを対象にした「SOUL（ソウル）の原則」も、大人側の振る舞いの参考にしてください。

SOULの原則

Silence（静かに）：子どもが場面に慣れ、自ら行動を始められるまでは静かに見守る
Observation（観察）：子どもが何を考え、何をしているかをよく観察する
Understanding（理解）：子どものコミュニケーションの問題について理解する
Listening（聴く）：子どものことばやサインに耳を傾ける

＼ おままごとの気分じゃない… ／

子どもの興味が
あるものからでOK

「乗り物が好きな子だからバスのおもちゃ」のように、おもちゃ選びは子どもが興味関心のあるものでOKです。また、幼いうちはひとつの遊び（活動）に集中できる時間は数分と短いのが普通。無理に長く続ける必要はありません。「お勉強」ではなく、「遊び」ですので、興味がないときは無理強いせずに様子を見て。

説明書通りに遊ばなくてOK

　電池で動くおもちゃは、音がにぎやかすぎたり、操作がちょっと難しかったりします。そんなときは電池を抜いてシンプルに遊ぶのもひとつの手。文字の情報量が多いときはマスキングテープで部分的に文字を隠してみるなど、その子に合ったアレンジを試してみてください。

03. スピンアゲイン

ブランド名・海外メーカー名

ファットブレイン（子どもの本とおもちゃ 百町森） ショップ・メーカー名（158ページのSHOP LIST参照）

※ブランド名・海外メーカー名があるものは、商品の取り扱いショップ・メーカー名を（ ）内に記載しています。
それ以外はショップ・メーカー名のみを記載しています。

1 この遊びで育まれる力

全部で8つのスキルがアイコンになっています。色がついているものが、
このおもちゃ・絵本を使って遊ぶことで、育まれることが期待できるスキルです。

相互性	相手とのやり取り・順番の交代が生まれる
イメージ力	目の前にないもの・ことを想像する見立てやストーリーを楽しむ
語彙力	わかることば・使えることばが広がる
文法	文を組み立てる
音読→文字	頭の中でことばの音をイメージする
お口の機能	おしゃべりに使う舌や唇、呼吸の筋肉を協調しながら動かす
数	数や量の概念を理解する
説明	できごとやストーリーなどのまとまった情報を伝える

2 ことばの発達段階

色のついている部分がこのおもちゃ・絵本を使うのにおすすめの時期。年齢ごとの指標もありますが、
ことばの発達には個人差があり、大切なのは目の前の子どもが今、どの段階にいるか観察することです。

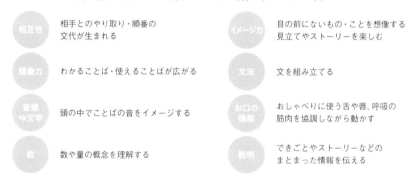

めばえ期	「まだことばの意味を理解していない時期」から、「理解しているけれどおしゃべりはまだ」の時期。
ぽつぽつ期	ぽつぽつと言えることばが増えていく時期。
カタコト期	知っている単語をつなげて「くっく、はく」のようなカタコトの文が話せるようになる時期。
ぽんぽん期	文でのお話がスムーズになり、会話のキャッチボールがぽんぽんできるようになる時期。
プレ学習期	ルールのある遊びや長いストーリーを理解できるようになり、文字を学ぶ準備もスタートする時期。

ことばを引き出す

おもちゃ

　ことばの相談室でも実際に使用している、おすすめのおもちゃを集めました。「うちの子なら、これが好きそう！」と思うものからぜひ試してみてください。

　ただ、ここで紹介していない定番のおもちゃ、たとえば小さなブロックや粘土遊び、塗り絵やトランポリンなどの運動遊びなども、発達に関係がないわけではありません。そうした遊びが好きな子どもであれば、無理に遊びを変える必要はなく、本書を参考にしながら、好みの遊びと組み合わせ、ことばを育む機会を探してほしいと思います。

相互性　イメージ力　語彙力　文法

音韻
⇒文字　お口の
機能　数　説明

めばえ期　ぽつぽつ期　カタコト期　ぽんぽん期　プレ学習期

01.くるくるチャイム

くもん出版

ボールが

落ちていくね

【 おもちゃの特徴 】

　0歳から幼児まで、幅広い年齢層の子どもが夢中になれるロングセラーおもちゃ。ボールを握り、上部の穴の上でぱっと離せば、くるくる回りながらボールが落ちていきます。転がるボールを目で追いかけ、出てきたボールをつかまえて、次は別のボールを入れて……と何回でも飽きずに楽しめます。

遊び方のポイント1

まずは自由に入れて遊ぼう

1個1個のボールをゆっくり入れて回転をじっくり見たり、両手を使って次々にボールを入れてスピード感を楽しんだり。まずは、子どもの好きなやり方とペースで遊んでみて。「おもしろいね!」のタイミングでバチッと目が合えば、コミュニケーション大成功。

遊び方のポイント2

ことばかけから
コミュニケーションの促しを

「何色から入れる?」「赤!」「チリンと音がした」など、ことばかけと会話が生まれやすいのがくるくるチャイムのいいところです。ひとつずつ渡す、2つのなかから選んでもらったほうを渡す、などボールの受け渡しを取り入れて2人で楽しさを共有しましょう。

どっちにする?

きいろ!

❰ ほかにもこんな遊び方! ❱

ボール受けを取り外す

下部には出てくるボールを受け止めるストッパーがありますが、あえて取り外すことでボールを自分でキャッチしたり、箱にポトっと落としたりして楽しめます。

ほかのボールも入れてみる

40ページでご紹介している「くろくまくんの10までかぞえてバス」のボールも、実はほぼ同じサイズなので、くるくるチャイムのボールとして楽しむことができます。

なな先生の
アドバイス
・・・・・

子どもとのあいだにコミュニケーションが生まれやすい定番人気のおもちゃ。ボールを渡すときに、コミュニケーションのめばえに大切なアイコンタクトを交わしましょう。

02. くろくまくんの 10までかぞえてバス

くもん出版

1、2、3…数をかぞえよう

【 おもちゃの特徴 】

　「くろくまくん」シリーズの動物たちのキャラクターの顔が描かれた10個の
ボールを、バスに乗せたり取ったりして遊べるおもちゃ。1〜10の数に繰り返し
触れることで、数の理解が促されます。ボールやバスを使ったごっこ遊びも楽
しめますよ。にぎやかな数字の音声・サウンド付きですが、ことばの相談室では
あえて電池を抜いて使っています。

あと2人乗れるね〜

遊び方のポイント1

一緒に数をかぞえよう

バスの座席に1個ずつボールを乗せていき、「くろくまくんが乗ったね」「次はどれを乗せる？」「1、2、3…今は3人乗ったね」「あと何人乗れるかな？」など、声をかけながら一緒に遊びましょう。遊びのなかで数の感覚が自然と身についていきます。

遊び方のポイント2

「乗る」「降りる」のことばを使う

乗り物遊びは「乗る」「降りる」などの動きのことばを使ってみるチャンス。「乗せてくださーい」「降りる人ー？」などのことばかけを取り入れてみましょう。バス停や信号などの場所を設定して、「止まります」など、運転手さんになりきっても。

遊び方のポイント3

前・後ろ・となりの練習に

位置関係の表現にもトライ。「くろくまくんの後ろには誰が座っているかな？」「ねこちゃんはパンダさんの…？」「かえるさんはどこに座ろうかなー？」など、クイズ形式でことばかけしてもいいですね。

パンダさんの後ろに置けるかな

❰ ほかにもこんな遊び方！ ❱

バスを走らせてみよう

バスには動く車輪がついているので、床の上をすいすいと走らせることができます。廊下などの場所で少し距離を取って向かい合い、相手に向かってバスをキャッチボールのように送り合うのも楽しいはず。「おいでー」「いくよ」「キャッチできたね」と、楽しくコミュニケーションが取れますね。

こっちだよ〜！

Advice
なな先生のアドバイス
・・・・・

乗り物好きの子に、ごっこ遊びを誘いやすいとっておきのバスおもちゃ。ごっこ遊びはことばやイマジネーションの発達にとても役立ちます。ボールの乗り降りや位置関係をことばで理解・表現するよい練習になります。

03. スピンアゲイン

ファットブレイン（子どもの本とおもちゃ 百町森）

くるくる回って目が離せない！

【 おもちゃの特徴 】

　カラフルな大小のディスク（円盤）を持ち、スクリュー状の支柱に差し込むと、勢いよくくるくると回転しながら落ちていきます。子どもはもちろん、大人もつい試したくなる「棒通し」をアレンジしたおもちゃ。カラフルな色の組み合わせと落下のスピード感が子どもの興味を惹きつけてやみません。

とにかく楽しい！をたくさんシェアして

　ディスクの真ん中に開いている穴をスクリュー状の支柱に差し込むと、思いのほか速いスピードで回転しながらディスクが落下していきます。楽しさを共有することも、コミュニケーションの大切な力のひとつ。子どものツボをたくさん刺激していっぱい一緒に遊びましょう。

遊び方のポイント**2**

「大きいのはどっち？」
ディスクを1個ずつ渡してみる

　6枚のディスクはすべて大きさが異なります。小さいものから順に差し込んでみたり、2枚を差し出して「青より赤のほうが…？」「大きい！」と答えてもらったりと、おもちゃをあいだにはさんで子どもにどんどん問いかけてみましょう。

どっちが大きい？

遊び方のポイント**3**

オノマトペを取り入れよう

　ディスクが回る「くるくる」「ぐるぐる」、棒が倒れそうな「ぐらぐら」、倒れる「バタン」のように、オノマトペ（擬音語・擬態語）を取り入れましょう。動きや様子に注目するきっかけになり、表現の幅が広がります。

カラフルなディスクのラインナップ！

Advice なな先生のアドバイス

　とにかく楽しい！がコミュニケーションのきっかけに。「きみどりと黄色」「黄色とオレンジ」のように、ディスクはよく見ると2色の組み合わせになっています。支柱に通すときに「黄色と黄色がくっつくようにするには、どうやって入れたらいいかな？」と落とす順番を考えてみる遊び方もあります。

04.はじめてのブロック
（レインフォレスト）

フィッシャープライス（マテル）

カチャカチャ、
あれ・入らない？

【 おもちゃの特徴 】

　カラフルなブロックは、積み重ねたり並べたりして楽しめる定番おもちゃ。このブロックセットはバケツ型バッグのふたにブロックと同じ形の穴が開いているため、そこに上手にブロックをはめるとすっと中に落ちていきます。療育では「プットイン」と呼んでいる行為ですが、「行動」と「その結果」が手と目の両方でわかるので手ごたえが感じられやすいおもちゃです。

はい、どうぞ

ひとつずつ渡して
コミュニケーションの土台をつくる

ことばをまだ話さない、コミュニケーションの土台づくりを行いたい子の場合は、ブロックのようなひとりでも楽しく取り組める遊びをしながら、あえて2人で行い、コミュニケーションの相互性も促していきましょう。ポイントは、ブロックをひとつずつ渡すこと。手渡しするときには相手へ、遊ぶときにはおもちゃへ、ことばの獲得に重要な「注意の切り替え」の練習になります。

三角だね

「形の名前」に注目しよう

赤は四角、紫は丸、黄色は三角、というように、ブロックには形と色があります。ものの特徴にも名前があると知るのは抽象的な思考が育っている証拠。丸や四角などの「形の名前」に興味を持ち出すのは2語文を話しはじめの時期。教えるのが早すぎるとまだ難しいので取り入れる目安にしてみて。

◤ ほかにもこんな遊び方！ ◢

お皿や帽子に変身！

ブロックをお人形遊びと組み合わせ、お皿や椅子にする子もいます。ほかにも、ブロックを帽子に見立てると、「クマさんの帽子」「むらさきの帽子」などのフレーズを促せます。ブロックの入っているバスケットも、ピクニックごっこのお弁当入れにするなど、アイデアを広げれば発達段階が上の子でも楽しく遊べます。

Advice

なな先生の
アドバイス
· · · · ·

ここで紹介している遊び方は、大人が強引に誘導すると下心を感じ取って、かえってうまくいかないことも。遊びは正解がなく、偶然はじまることがほとんど。子どもの行動を観察し、邪魔をしないさりげなさを心がけたいですね。

/ なにに見える？ \

05. かえるさんジャンプ

ヴァイキング・トイ（子どもの本とおもちゃ　百町森）

せーの、

ぴょん！

【 おもちゃの特徴 】

　プラスチック製のかえるの背中を指で押さえてはじくと、ぴょーんとジャンプ！　わかりやすい動きと遊びやすいシンプルさで子どもに人気。はじいて跳ばして遊ぶのはもちろん、どっちが遠くまで跳ばせるかを競争する、色でグループに分けるなど、いろいろな遊び方を楽しめます。

あ、跳んだ！

ぴょーん

遊び方のポイント1

跳ばしてぴょーん！

　まずはシンプルに、背中をはじいて跳ばす楽しさを体感してみて。静から動へと、動きがダイナミックなので、「かえるさん、ぴょーんと高く跳んだね」「さっきより遠くへジャンプできたね」など、かえるの動きや距離を様子のことばで表して子どもに声かけしてみましょう。

遊び方のポイント2

どっちが跳ばせる？
かえる飛距離レース

　テーブルや床にマスキングテープを貼ってスタートラインをつくり、かえるを色別に並べてどれが一番遠くに跳んだかのレースを開催してみてもいいですね。「どっちのかえるがいっぱい跳んだ？」「青いかえるのほうが遠くに行ったね」と様子を見ながら会話を楽しんで。

\ どっちが遠くまで行くかな〜 /

遊び方のポイント3

玉入れのようにバケツに入れて数比べ

　バケツを置き、マスキングテープのスタートラインを貼ったら、そこから出ないように注意しながらかえるがバケツに飛び込むように跳ばしてみましょう。「3個入ったらクリア」のようにゲームらしくすると、より難しいチャレンジに。ルールのある遊びを楽しむ力が身につきます。

Advice
なな先生の
アドバイス
・・・・・

　昔ながらのおもちゃですが、療育の現場ではルールのある遊びを楽しむ練習や、指先の感覚をトレーニングするための教具としても使われています。まずは大人と一緒にルールを共有し、それを守って遊ぶことを通じて、同年代の子どもとのコミュニケーションの基礎が育まれます。

06. ジャラットプレート

くもん出版

じゃらじゃら

出てくるよ！

【 おもちゃの特徴 】

　　貯金箱にコインを入れる感覚で楽しめる知育玩具です。10色のプレートを1枚ずつ投入口に入れ、レバーを倒すと、出口からプレートがじゃらじゃら出てきます。入れたり出したりするおもちゃは、ことばの力を伸ばす土台となる認知発達を支えます。

どうすれば穴に
入るかな？

遊び方のポイント**1**

どうすれば穴に入るかな？

　プレートを投入する穴は細長い幅に設定されているため、ただ無造作に入れようとしても入りません。いくつかある穴に合わせて手首をひねってプレートの向きを自分で変え、どうすればスルッと入るか試行錯誤し、「手と目の協応」を養う練習にもなります。

次はピンクに
しようか

遊び方のポイント**2**

数字や色の名前を
言いながら入れてみる

　プレートは10色あり、数字シールも付属しています。子どもの発達や興味に合わせて、「赤を入れてみようか」「次は数字の順に入れてみる？」など入れ方をアレンジすることで、色の名前や数字を学ぶこともできます。

遊び方のポイント**3**

3、2、1でレバーを倒す

　ひとりで遊んでもいいですが、誰かと一緒に楽しみを共有するポイントをつくることで、コミュニケーションの力が育まれます。「全部入ったら3、2、1でレバーを倒そうか」と提案してみるのはどうでしょうか？ ほかには、大人が子どもにプレートを1枚ずつ手渡す係をしてもいいですね。

なな先生の
アドバイス
・・・・・

　カラフルなプレートがじゃらじゃら出てくるのが楽しくて、何度もやりたくなってしまうおもちゃです。本体はロケットの形をしているので、別の人形を入れて窓からのぞかせたり、ロケット発射ごっこをしたりすることもあります。

3、2、1…

07. アンビトーイトランペット

ボーネルンド

吹いても 吸っても
音が鳴るよ

【 おもちゃの特徴 】

普通のラッパは息を吹き込むことで音が鳴りますが、こちらの子ども用ラッパは息を吸ったときにも音が鳴るのが特徴。軽くて握りやすいため、1歳前後から使うことができます。吹くおもちゃで遊ぶことで肺活量が高まり、話すための呼吸機能や発声機能の獲得につながります。

遊び方のポイント1

音を楽しみながら「吹く」力も伸びる

　吸っても吐いても音が出るラッパであれば、遊びながら吸う・吹くの練習ができ、話すための呼吸機能、発声機能が高まります。

遊び方のポイント2

音が鳴るのは「フィードバック」

　上手に息を吹き込めると「プーッ」と音が鳴ります。「フィードバック」と言って、自分の行動の結果が音として返ってくるので、手ごたえがあり、おもしろく何度も取り組むことができます。上手に音を出せたら「プーッて鳴ったね」と声をかけて一緒に音を楽しんでみてください。

プーッだって！

❰ ほかにもこんな遊び方！ ❱

試してみよう！ いろんな吹く遊び

　最初のうちは上手に音が鳴らせないかもしれませんが、ふとしたときに音が出てびっくり、なんてこともあるかもしれません。また、ラッパが難しい場合は吹き口の形状に口を合わせられないなどの背景があるかもしれません。風車や吹きコマ、ティッシュ吹きなどほかの形状のものを吹いたり、息をはぁーっと吐いたりすることも試してみてください。

出た！

Advice
なな先生の
アドバイス
　　・・・・・

　ラッパなどの吹くおもちゃは肺活量を高めるだけでなく、ほっぺやくちびるなど口周りの筋肉の使い方もうまくなり、上手なおしゃべりにつながります。おしゃべりを支える呼吸や声、口周りを上手に動かすよい練習になります。

08. ゆらりんタワー（エコ）

フィッシャープライス（マテル）

大きい順にできるかな？

【 おもちゃの特徴 】

　5つのカラフルリングを大きい順にタワーにはめ、手で揺らして遊ぶおもちゃです。タワーの底部が丸くなっているため、さわるとタワーがゆらゆら揺れるのがポイント。おすわりしたままでも遊べるため、赤ちゃんから使える人気の商品です。リングだけを使っていろいろな遊びもできます。

どれを入れよう？

遊び方のポイント**1**

大きい順にはめてタワーをつくる

　5つのリングは大きさがすべて異なり、大きい順でないとタワーにぴたりとハマりません。大きいリングから順に重ねていくことで、大きい・小さいの違いを学んでいきます。きれいなタワーが完成したら、一緒にゆらゆら揺らして動きを楽しみましょう。

遊び方のポイント**2**

お皿にのせて「はい、どうぞ」「わあ、おいしそう！」

　小さな手でもしっかり持てて、ぱっと明るい色合いのつややかなリングは、子どもの遊び心を刺激します。おままごとのアイテムとしてもぜひ取り入れてみてください。お皿にのせて「ドーナッツですよ」「わあ、おいしそう」と見立て遊びをすることで、イメージの力が膨らみます。

はい、ドーナッツです

遊び方のポイント**3**

お人形さんのクッションにしてみんなに座ってもらおう

　小さなお人形をリングの上に座らせて、クッション代わりに座らせてみるような使い方もできます。なにかを別のものに「見立てる」という力はイメージする力や発想力をはぐくみ、将来の思考力や表現力といった学ぶ力へとつながっていきます。ここでの例にこだわらず、いろいろな見立てを楽しみましょう。

Advice
なな先生のアドバイス
・・・・・

　子どもはときどき、思いもよらない使い方でおもちゃを遊びだします。見立て遊びは大人が主導し提案しても、あまりおもしろがってもらえません。子どもの発想力に任せてこちらは驚いたり感心したりしておくのが◎。次第に子ども主導の遊びが展開していきます。

09. コップがさね

コンビ

見て見て！

タワーが倒れるよ！

【 おもちゃの特徴 】

　　少しずつ大きさの違う10個のコップを積み上げたり重ねたりして遊ぶシンプルな知育玩具です。倒れないようそうっと積み上げる遊びでは集中力や粘り強さが、大きさの順に重ねてパズルのようにするお片づけでは試行錯誤して考える力が、それぞれ育まれます。コップひとつひとつを遊びの中で容器として使うこともできます。

やってみる？

並べたり、ひっくり返したり

子どもは繰り返しの遊びが大好き。テーブルの上にコップを小さい順に横一列に並べて、並べ終えたら、順にひっくり返してもらいましょう。コップがひっくり返る様子を「クルッ」「パカッ」のように声をつけてもいいですね。楽しさが増し、「やってみたい！」を引き出せます。

大きい順に重ねてタワーをつくる

ひっくり返したコップを大きい順に重ねていけば、タワーのようにどんどん高くなっていきます。子どもと大人で交互にコップを重ねていくと、もの（コップ）と相手に交互に注目を向ける、「3項関係（19ページ参照）」が結ばれます。

順番に重ねよう！

最後は
くまさんだよ〜

‖ ほかにもこんな遊び方！ ‖

ゆらゆら動かしてから崩す！

コップを上手に重ねることができたら、最後は大人がコップタワーを左右にゆらゆら〜と動かしてみましょう。ドキドキが高まった後に、ガラガラッとコップが崩れていくと、緊張からの解放という楽しさで、子どもは「もっと！」と夢中になるかもしれません。

見立て遊びにも大活躍

人形をコップに入れて「お風呂だね」、ビーズをコップに入れてお皿に見立て、「はい、どうぞ」など、コップ単体でも見立て遊びの道具として活躍します。

Advice
なな先生の
アドバイス
・・・・・

入れ子式になっていて、大きい→小さい順に重ねていかないと収納できない仕組みになっています。意外と難しいのではじめは手伝ってあげて。わざとひとつ飛ばして入れたり、入らない様子を見せたりして、お片づけを手伝ってもらうこともあります。

10.オーボール

//

ラングスジャパン

＼ ボール
こっち〜！／

【 おもちゃの特徴 】

　コロコロと転がしたり、ポーンと投げたり、ガシッとつかんで振り回したり。
赤ちゃんに大人気のオーボール。手先の動きがつたない子どもでも扱えて、大
きな音がせず屋内でも危険なく使えるので子どもとのキャッチボールにぴった
り。ゆっくりと転がるところがポイントです。

遊び方のポイント1

「こっちだよ」と注目してもらう

　子どもの目を引く鮮やかな色合いでカラーリングされたオーボール。大人が手でつかみ、高く掲げて「こっちだよ〜」とことばかけをすると、子どもが視線を向けてくれます。「自分に話しかけている人に注目する」というコミュニケーションの基礎を少しずつ学んでいきます。

遊び方のポイント2

コロコロ転がしてキャッチボール

　普通のボールよりもコロコロとゆっくり転がるのがオーボールの特徴。子どもでも対応しやすいスロースピードなので、離れすぎない距離で子どもと向き合い、キャッチボールをする感覚でオーボールを転がし合ってみましょう。慣れてきたら少しずつ距離を伸ばしても。

いくよ〜

キャッチ！

▌ ほかにもこんな遊び方！ ▌

オーボールを使って語りかけを増やす

　コミュニケーションのことを「ことばのキャッチボール」と表現することがありますが、オーボールのやり取りはまさにコミュニケーションの土台。「はいどうぞ」と渡し合うことも、ことばのめばえ期に取り入れたいやり取りです。

ボールくださいな

音が鳴るタイプで聴く力を伸ばす

　オーボールにはさまざまなタイプがありますが、ことばの相談室ではビーズがカラカラと鳴るラトル付きや、はっきりとした原色のものを使っています。視覚や聴覚を刺激するものを選ぶと、より注目を促しやすくなるからです。

Advice

なな先生の アドバイス
・・・・・

　コミュニケーションの土台づくりは相手に注目を向けることから。「いくよ」「はーい」と語りかけを意識してください。上手になってきたら交代し、子どもにも「いくよ〜」を言ってもらいましょう。

11. スターコマ

ハイメス（AND CHILD）

くるしね　回って

ぐるぐる　うずまき

【 おもちゃの特徴 】

　別名「0歳から回せるコマ」。カラフルなビーズを指でちょっとはじくだけで、簡単にくるくると回り出すベビー用のコマです。なめらかな木の感触が心地よく、小さな子どもの手にしっくりと馴染みます。回転するコマの動きと、中央のうずまきがぐるぐる回る様子も子どもの目を釘付けに。手首を回転させる練習にもなります。

遊び方のポイント **1**

にぎにぎして指先で形を感じて

　うずまきが描かれた球体の周りにくっついているビーズは、ゴムひもでつながっています。木のすべすべした感触も心地よいので、指先でつかんだり、握ったりして遊んでください。つまんだりつかんだりと指先を使う動作を繰り返すことで、手の動かし方を学んでいきます。

遊び方のポイント **2**

ちょんとさわって回してみよう

　うずまきが描かれた球体をクルッと回すのはもちろん、カラフルな先端のビーズ部分をちょんとさわるだけでコマが回転します。回転するうずまきの不思議な動き、カラフルなビーズの色が溶け合う様子に、きっと大喜びするはず。何度も試して回転させるコツをつかんでいきましょう。

回るかな…

やった！

遊び方のポイント **3**

コマの動きについて一緒にお話をしてみよう

　心が動いたときほど、伝えたい気持ちが湧き上がり、コミュニケーションが生まれます。コマを回すコツがつかめてきたら、「回っているね」「ぐるぐるだね」と声をかけてみましょう。タイミングによっては、ことばを先取りせず、顔を見合わせて子どものおしゃべりを待つ方がよいかもしれません。

たくさん
回ったね〜！

Advice

なな先生の
アドバイス
・・・・・

　コマ遊びには、「行動＝コマに触れる」と「結果＝コマが回る」の結びつきがあります。大人にとっては取るに足らないことですが、子どもにとってはそれも体を使った学びのひとつ。ことばの発達にはそのような認知発達の土台も大切です。

12. シロフォン付玉の塔

ベック（子どもの本とおもちゃ 百町森）

チロリロリン♪

きれいな音だね

【 おもちゃの特徴 】

　上の穴から玉を落とすと、すべり台をすべるようにコロコロと玉が転がり、最後はシロフォン（鉄琴）の階段でチロリロリンと美しい音を奏でるスロープおもちゃ。指先を動かし、玉の動きを目で追いかけ、耳でメロディを聴く。3つの感覚刺激が心地よく楽しい、夢中になりながら「待つ」練習にもなるおもちゃです。

どうぞ

選んで取ってもらっても

遊び方のポイント1

手渡しで1個ずつ玉を「どうぞ」

　ひとりで遊ぶのもいいですが、大人から子どもへ「どうぞ」と1個ずつ玉を手渡しすることも試してみましょう。視線を合わせて、手から手へとものを渡すことがコミュニケーションの入り口です。こちらに注目するのが上手な子であれば、玉が欲しいことを発語や身振りで伝えてくれるのを少しだけ待つのもよいですね。

遊び方のポイント2

きれいな音が出るのを「待つ」練習にもなる

　小さな玉を目で追いかけてじっと集中し、チロリロリン♪と音が鳴るのを「楽しみに待つ」練習にもなっています。日常の活動ではいろいろな場面で待つ必要がありますね。待つことが苦手という子は、まずは楽しめるおもちゃでちょっとだけ「待つ」要素を取り入れることからはじめましょう。

きれいな音！

【 ほかにもこんな遊び方！ 】

このボール、なにに見える？

　「赤い玉はうめぼしみたいだね。青い玉はなにに見える？」「うーん、ラムネ！」「本当だ、ラムネに見えるね」などのように、遊んでいるうちに色とりどりの玉をなにか別のものにイメージする見立て遊びに発展することがあります。想像力を働かせることは、考える力の土台になります。そうした何気ない会話も大切にできればと思います。

なにに見える？

アメみたい！

Advice
なな先生のアドバイス
・・・・・

　小さな玉は転がってなくしやすいので、用意した容器に入れておくのがおすすめ。これに限らず、遊ぶときには空っぽのカゴや容器を用意しておくと、おもちゃが見渡しやすく散らばりすぎず、ストレスなく遊べます。（98ページ参照）

13. おままごとセット

RiZKiZ

りんご、切れたね

【 おもちゃの特徴 】

　おもちゃの包丁で野菜やフルーツをサクッと気持ちよくカット。お料理気分を味わえるおままごとセット。「おままごと」というシチュエーションで、さまざまな野菜やフルーツの名前、色や形などを、ことばでやり取りしていく経験を得られます。女児の遊びという印象がありますが、性別を問わず楽しめます。

遊び方のポイント**1**

切る・食べる・おいしい・好き…表現の宝庫

　いろいろな種類のカラフルな野菜やフルーツがあるので、まずは子どもが好きなように遊んでみましょう。子どもはさまざまな遊び方を自分で見つけていくはずです。「切る」「食べる」といった動きのことば、「おいしいね」「好き」のような様子のことば、「トントン」「コロコロ」のようなオノマトペ（擬態語・擬音語）などのことばかけがポイント。

遊び方のポイント**2**

バラバラの もう片方を探すゲーム

　野菜やフルーツは、すべて半分に分かれるつくりになっています。半分の片方を子どもに見せて、「もう片方はどこかな？」と探すゲームもおすすめ。ゴーヤのように子どもに馴染みがない野菜にも、興味が向いたらさりげなく名前を教えてあげて。お勉強の時間にならないよう、あくまで楽しい雰囲気で遊びましょう。

こっち！

どーっちだ？

遊び方のポイント**3**

お店屋さんごっこで コミュニケーションを楽しむ

「お店屋さん」と「お客さん」役に分かれてのお買い物ごっこをしてみましょう。「今日のお買い物のおすすめはなんですか？」「いちごがおいしいですよ〜」とやり取りをすることで、使える表現がどんどん広がっていくはず。

Advice

なな先生の アドバイス
・・・・・

　おままごとは「りんご／切る」「りんご／切れた」のような2語文のバリエーションを広げる練習にもなります。子どもは「切る」と「切れた」の変化を実際に自分で体験できるので、ことばの使い方の理解も深まりやすいですね。

相互性 | イメージ力 | 語彙力 | 文法

音韻⇒文字 | お口の機能 | 数 | 説明

めばえ期 | ぽつぽつ期 | カタコト期 | ぽんぽん期 | プレ学習期

14. リトル・ベビーステラ

ボーネルンド

あたまいきれいしてあげようね

【 おもちゃの特徴 】

　お世話遊びが楽しめる赤ちゃん人形です。赤ちゃんのお世話をする大人の真似を通して、身近な生活で使ういろいろな表現を学んでいきます。柔らかな布製の素材でできているので、小さな手でも扱いやすいのがポイント。身のまわりのことに興味が向いてくる時期に。

遊び方のポイント1

赤ちゃんのお世話を楽しむ

大人の真似をして「いいこ、いいこ」と話しかけたり、だっこやミルクをあげてお世話をしたり、イメージ遊びが広がります。「おねんねしようね」や「よしよし」など、お人形への話しかけのお手本を見せてあげると、子どもも同じように真似してくれるかも。

遊び方のポイント2

1日の流れをお人形で再現してみる

朝起きてから夜眠るまでを、お人形を使って再現してみましょう。「おはよう」の次は、お着替え、ごはんを食べて、遊んで、お風呂に入って、夜はねんね……と1日の流れを再現することによって、日常のルーティンの理解と場面ごとに用いられることばの理解につながります。

次はお着替えの時間だね〜

❱❱ ほかにもこんな遊び方! ❰❰

体の部位を一緒に覚える

お人形の足をギュッと握って「足だね」、おへそを指して「おへそだね」とことばかけをすると、体の部位の名前を知るきっかけになります。

おへそはどこかな？

身近なアイテム＋想像力

別売りの付属品も豊富ですが、すべてを揃える必要はありません。ハンカチをお布団に、おもちゃのかごをベッド代わりに、と身近にあるものを別のものに見立てられるようになることも、イメージする力をはぐくむ大切な「見立て」の力です。

収納ケースをおふろに

Advice なな先生のアドバイス
・・・・・

人形を使った「ごっこ遊び」は、自分以外の他者の気持ちを想像・共感しながら行動するコミュニケーションの力をはぐくみます。状況や感情を表す発話の機会も増え、実際に他者とやり取りするときにもその力が発揮されることでしょう。

| 相互性 | イメージ力 | 語彙力 | 文法 |
| 音韻⇒文字 | お口の機能 | 数 | 説明 |

| 🌱 めばえ期 | 💬 ぽつぽつ期 | 😋 カタコト期 | 😋 ぽんぽん期 | 📖 プレ学習期 |

15. 積み木（白木&カラー）50

ハペ（カワダ）

どこまで 高く積めるかな？

【 おもちゃの特徴 】

　白木と赤・青・黄・緑の4色が揃った積み木セットは、いろいろな遊び方ができて長く楽しめるおもちゃです。手先を使って積み木をつかみ、自分の思い描く形に近づけようとすることで、想像力や集中力、空間や構成認知能力の発達にもつながります。

集中！

遊び方のポイント**1**

大人は手出し禁止、まずは自由に

さまざまな色や形の積み木を前にした子どもが、どんなふうに反応し、遊び始めるのかをまずは見守ってあげましょう。積んでいくだけが遊び方ではありません。カチカチ鳴らしたり、色別に分類したり、長い列をつくったり…。子ども自身の選んだ遊び方をそっと観察してあげてください。

遊び方のポイント**2**

「赤だけ」「四角だけ」とルールを提案してみる

「赤い積み木だけを使ってお城をつくる」「四角い積み木だけでひたすら高く積む」「積み木の箱に写っているお手本写真を真似してみる」など、慣れてきたらなにかひとつルールを決めてつくる行為を楽しんでみてもいいかもしれません。

お城ができたー！

遊び方のポイント**3**

おままごとの道具に見立てて遊ぶ

積み木をお皿の上にのせて、「ハンバーグですよ」と、おままごと遊びに組み合わせるもアリ。具体的なハンバーグのおもちゃを使うよりも、むしろ形が抽象的だからこそ見立てる力と想像力が育ちます。

ハンバーグ
くださーい

Advice

なな先生のアドバイス
・・・・・

積み木遊びに正解はありません。大人が無理に主導権を握ろうとせず、まずは子どもの発想力に任せて遊んでもらいましょう。子どもが助けを求めているなと感じたら、そのときだけそっと手を貸して、その子なりの遊びの幅を広げていって。

16. ティッタ・ジュール（指人形）

イケア・ジャパン

だれがなにを
食べているかな？

❴ おもちゃの特徴 ❵

人形遊びはいろいろなことばを引き出すチャンス。10種類のかわいい動物が
セットになったイケアの指人形は、指にはめる以外にもいろいろな遊び方がで
きます。ここではほかのおもちゃやカードと組み合わせることで、文をつくっ
たりやり取りをしたりする遊びを紹介します。

鳥さんが
桃をツンツン

遊び方のポイント**1**

おままごとに動物たちが大活躍

　おままごと遊びに人形たちが参加するとにぎやかになり、いろいろな想像がふくらみます。順番に並べていくのが好きな子にとっては、10匹全員が並びきると達成感があるはず。「あむあむ」「ぱくぱく」など、オノマトペもたくさん取り入れましょう。

遊び方のポイント**2**

絵札と組み合わせてことばの練習をしよう

　もののイラストが描かれたカードと指人形を組み合わせて、「ウサギ／飛行機／乗る」「カエル／本／読む」のような2〜3語文を一緒につくってみましょう。子どもに身近な絵が描かれているものなら、どんなカードでもOK。文を話しはじめの子どもは「が」や「を」などの助詞を抜かして話すのが普通です。2つか3つのことばを続けて言えたらほめてあげてください。

カエルさん、
本読んでるね！

遊び方のポイント**3**

指人形と文字で文をつくってみよう

　2語文、3語文が上手に話せる発達段階（目安は5〜6歳以上）になってきたら、おもちゃのフルーツと指人形の組み合わせのアレンジ遊びをもうひとつ。「が」「と」「を」のような、ことばをつなぐ助詞を紙に書いて切り抜き、「つなげてお話をしてみて」と文をつくらせてみましょう。ひとつずつ指を差しながら、「カエルがぶどうと桃を食べる」と、つなぎのことばを意識してお話します。

Advice
なな先生の
アドバイス
· · · · ·

　「が」「を」のような助詞は文の中で大切な役割を果たしますが、短く目立ちにくいので耳で聞くだけでは理解しにくい子も。就学前〜就学後の学習準備の段階で整理して教えてあげるとよい場合があります。

相互性 イメージ力 語彙力 文法

音韻
→文字 お口の
機能 数 説明

めばえ期 ぽつぽつ期 カタコト期 ぽんぽん期 プレ学習期

17. スティッキー

ハバ（子どもの本とおもちゃ 百町森）

倒れた〜

やったー！

【 おもちゃの特徴 】

　赤・青・黄の太さが異なる棒（スティック）を束にしてリングに通し、そこから1本ずつ抜いていくゲームです。付属のサイコロを振って「赤」の目が出たら赤の棒を、「黄」の目が出たら黄の棒を抜き取ります。次の人も同じように交互に棒を抜き取り、バランスが崩れて束が倒れてしまったらおしまい。

そーっと…

取れたね〜！

遊び方のポイント1

ルールのあるゲームに慣れる

交互に棒を抜く、束が倒れたら負け。手順がシンプルでわかりやすく、1回ずつ交代があるスティッキーは、子どもが「ルールのある遊び」をする段階へのステップアップにぴったり。ゲームのポイントは「交互に」やること。「次は誰の番かな？」をときどき確認しながら理解を進めて。

遊び方のポイント2

ついでに語彙も広げよう

棒の太さが赤・青・黄色と、それぞれ少しずつ違います。「太いのを引いたら崩れそうだね」「こっちのほうが細いから引いても大丈夫そう？」のように、「太い」「細い」といった対になる飾りのことばを会話の中に取り入れて使っていきましょう。そのほか、棒をかぞえる「1本、2本」というかぞえ方をさりげなく取り入れることもできます。

❙❬ ほかにもこんな遊び方！ ❭❚

ゲームのルールを説明してもらっても

何度も繰り返し遊んだら、少しレベルアップしてゲームのルールを説明してもらうのはどうでしょう。新しいゲストを加えて遊ぶときなどがいい機会です。「どうやって遊ぶんだっけ？ やったことがない人に説明してあげて」と促して。ルールを説明するのはとても高度で難しいので、ときどき助け舟も出してあげましょう。

次はどうするんだっけ？

Advice
なな先生のアドバイス
・・・・・

勝ち負けにこだわる子どもにとっては、自分が負けるとすごく悔しいかもしれません。そんなときは「悔しいね」「惜しかったね」「残念だったね」のような、負けたときの気持ちを表現するいい機会になります。

18. プラステン

ニック（子どもの本とおもちゃ 百町森）

ぱ ち ん 、ぱ ち ん

こ れ で 何 個 か な ？

【 おもちゃの特徴 】

　　5色のドーナッツ形のリングが10個ずつ、計50個。5本の棒がついた台に、このリングを差したり抜いたりして遊ぶおもちゃです。色別に穴に通す、色を交互に通してみる、サイコロを振って出た目の数だけリングを通すなど、いろいろな遊び方が楽しめます。付属のひもでひも通しをすることも可能。

ここは白を
入れようか

遊び方のポイント1

数をかぞえるのに熱中してみる

　まずは緑・赤・黄・白・青のリングを5本の棒に色別に通してみましょう。ぱちん、ぱちんとリングを通すたびに小気味よい音が鳴り、リングが積み重なっていくことで、1から10の数量を繰り返しかぞえられます。手を動かしていくことが大切な幼児期に、熱中して何度も取り組んでもらいましょう。

遊び方のポイント2

自分なりのルールで黙々と遊ぶ

　色の名前と数がわかるようになったら、「下半分は白、上半分は青」「赤と緑を交互に通す」など、子どもなりのルールで自由に遊ばせましょう。リングを通している途中で「次は何を通すの？」と声をかけてみると、自分の考えをことばに変えて伝える練習にもなります。

ここは全部赤！

┃ ほかにもこんな遊び方！ ┃

カードの数とリングの数を
ぴったりにしてみよう

　たとえば、果物が4個描かれた絵を見せて、「同じ数だけリングを通して」と提案してみましょう。カードを交互に引き合い、少しずつ5本の棒を完成させていきます。果物という具体的なものを数で置き換える活動が、数の概念を理解することにつながります。

同じ数だけ
集めてみよう♪

Advice
なな先生の
アドバイス
· · · · ·

　プラステンは、おもちゃ自体に魅力があるので強制せずとも自然と手が伸び、黙々と手を動かして楽しんでいる子が多いよう。まだ数の理解は難しいかな？　という段階の子でも、手で触れて操作を繰り返すことで興味のめばえが期待できます。

19. 2語文つくろうパズル

コトリドリル

あおい　くるま、
できるかな

きいろい　とり！

【 おもちゃの特徴 】

「あかい　とり」「あおい　くるま」のように、色シートの上に「とり」「ぼうし」などのシルエットを型抜きしたマグネットシートをぺたりと貼り、ことばを2つつなげる練習ができます。絵カード(全16種)と同じ絵をつくったり、ことばをつなげたり、おしゃべりをする楽しさを経験しましょう。

Advice
なな先生の
アドバイス
･ ･ ･ ･ ･

色に興味がある子ども、ことばが増えてきたけれど文でのおしゃべりはまだ少ない段階の子どもにぴったり。4色の色シートと4種のシルエットシートはマグネットなので何度でも組み合わせを楽しめます。「こっちは黄色い車だね、こっちは?」とヒントを出しながら、ことばをつなげて文をつくってみてください。

20. なぞなぞ出せるよ シート&カード

コトリドリル

わかるかな？

まずはシート
で練習！

【 おもちゃの特徴 】

「かぶるものなーんだ？」「ぼうし！」。子ども
に身近なアイテムを題材にした20種類のな
ぞなぞカードと8ページのシート冊子。シー
トで「ぼうしは、○○するもの」と文をつくる
練習をした後、カードでなぞなぞを出題して
もらうことができます。なぞなぞを通して、
「質問・応答」のコミュニケーションの練習に。

Advice
なな先生の
アドバイス
・・・・・

「○○なーんだ？」「△△！」という
やり取りを通して、文をつくる、答
えを言う、相手に質問をすることを
経験。なぞなぞのかけひきでは、情
報をわざと隠すといったコミュニケ
ーションのさまざまな要素も練習で
きます。

21. 虹色のへび

アミーゴ（子どもの本とおもちゃ 百町森）

なが〜い へび できた！

【 おもちゃの特徴 】

　　カラフルなへびの絵が描かれたカードをつなげて、頭からしっぽまで完成させたらそのへびをもらうことができ、手持ちのカード数を競います。へびの体の色はグラデーションになっているため、同じ色同士でつなげていくのがポイント。対戦形式でなくても遊べ、2歳頃から楽しめます。

/ ここ、つながってるね！ \

遊び方のポイント **1**

へびをつなげるルールを覚えよう

　まずは、場にカードのイラストが描かれている面を広げて、同じ色同士のへびをどんどんつなげてみましょう。黄色→緑→青のようにへびの体の色はグラデーションになっているので、頭としっぽをうまくつなげて1匹のへびを完成させて。最初のうちは「これとこれがつながるよ」とアドバイスを。

遊び方のポイント **2**

完成したへびの体で「長い」「短い」を学ぼう

　へびの頭からしっぽまでがつながれば完成。カードは全部で50枚あり、うまくいけば長いへびが誕生することも。「さっきよりも長いへびができたね」「今度のは短いね」などのことばかけをしながら、「長い／短い」のフレーズを理解し使いこなせるよう取り入れていきましょう。

長いよ〜！

遊び方のポイント **3**

1枚ずつめくって順番交代

　すべてのカードを裏返して山にしたら、そこから1枚ずつめくっていき、場に出ているへびの体と同じ色同士をつなげてみましょう。順番の交代は、日頃経験するコミュニケーションの型のひとつ。会話が一方通行になりやすいという場合は、ゲームで順番交代の練習をすることからチャレンジしてみて。

/ このカードはつながるかな？ \

Advice

なな先生のアドバイス
・・・・・

　単純なゲームだと、あまりしゃべらないのでことばの練習にならないのでは？ と感じる方がいるかも。ですが、ことばが苦手なお子さんには「話しなさい」と「圧」をかけるよりも、楽しいゲームで思わずやり取りが弾んだ！ という状況をつくってあげることが大切です。

22. 雲の上のユニコーン

ハバ（子どもの本とおもちゃ 百町森）

サイコロの出た目の

数だけ進めよう

【 おもちゃの特徴 】

　　キラキラ光るクリスタルを集めながら、ユニコーンのコマがゴールを目指す
すごろくゲームです。ユニコーンたちが雲の上をお散歩していく姿がかわいら
しく、ルールも簡単なので初めてのすごろくにぴったり。サイコロを振る、コマ
を進める、出た目のルールに従うなどゲームの基本に触れられます。

黄色いおうまさんだよ

サイコロ振れるかな？

「青いおうまさんだね」 2語文やサイコロの練習に

ユニコーンのコマは4種類。「黄色いおうまさん」「青いおうまさん」と、〈色＋ものの名前〉の2語文を一緒に言ってみましょう。水色のサイコロには数字だけでなくマフィンの絵が描かれた面もあり、子ども心をくすぐります。

すごろくを通じてことばのやり取りを

ピンクのマスで止まったら、ピンクのサイコロを振って出た目の数だけクリスタルがもらえます。サイコロを振る、ルールを守る、アイテムをもらったりあげたりするなどゲームの基本を学べます。のんびり遊ぶのもいいですが、ゲームの途中で「どっちのおうまさんが速い？」、ゴール間際で「あといくつでゴール？」など、少し複雑な質問を投げかけてみても。

次はママね〜

最後はクリスタルの数を 一緒にかぞえていこう

誰かがゴールにたどりついたら、すごろくはそこでおしまい。最後は、クリスタルを何個集められたかをかぞえましょう。自分が手に入れたクリスタルを盤の裏面のマスに乗せると、数の理解の第一歩である「1対1」の対応をつくることができ、誰がいちばん多くゲットしたのかも一目瞭然です。

Advice
なな先生の アドバイス
・・・・・

雲の上をユニコーンが進む世界観がかわいらしく、シンプルなルールなので子どもと一緒に家族で楽しめます。キラキラ光るクリスタルを並べるだけで子どもは興味を持ってくれるので、数をかぞえる練習にもってこい。

23. ニコバーガーゲーム

アイアップ

おいしいハンバーガー

できたかな♪

【 おもちゃの特徴 】

　バンズ、パテ、トマトにタマネギなど、ハンバーガーの材料をモチーフにしたバランスゲームのおもちゃです。説明書には3種類のゲームが提案されていますが、それ以外にも「ごっこ遊び」の道具として自由に遊んでみましょう。なにかの役を演じるごっこ遊びを通じて、ことばを楽しく交わせます。

トマトの次は…

遊び方のポイント **1**

たくさんのハンバーガーをつくろう

　本物そっくりのバンズやトマト、ベーコンがずらりと目の前に並ぶだけでも、子どもは大喜び。まずは好きなようにオリジナルバーガーをつくってもらいましょう。遊び方に慣れてきたら、次は付属のカードの通りにバンズ、パテ、野菜、チーズを重ねるマッチングゲームを楽しんでみて。

遊び方のポイント **2**

お店屋さんごっこでことばをたくさん交わす

　ハンバーガー屋さんごっこもできます。ごっこ遊びはイメージを膨らませ、ことばを交わしあう、まさにコミュニケーションの遊び。お店屋さん役とお客さん役になりきって、「どのハンバーガーにしますか？」「じゃあチーズバーガーをひとつください」などのやり取りを楽しんで。なにを言えばいいかわからずに固まってしまい、うまく注文できない子には、並べたカードをヒントに話してもらうとうまくいくかも。

チーズバーガーくださいな

❰ ほかにもこんな遊び方！ ❱

カードを見ながらつくり方を説明

　子どもが注文するときに、カードを見ながらつくり方を説明してもらいましょう。「まずはパン、その上にお肉、その上にレタス、ベーコンを乗せて、最後にもう1枚のパンで挟んできあがり」のような感じです。お店の人役は、言われた通りに目の前でつくります。はじめは上手にできないので、大人が見本をやってみせてください。

Advice

なな先生のアドバイス
・・・・・

　ごっこ遊びは、イメージを膨らませる、さまざまな語彙やフレーズを使ってみる、他者と仲よく遊ぶ、身のまわりの世界に興味を広げるなど、発達のさまざまな側面からとても大切です。よく遊ぶことで、日常生活での観察力も養われます。

24. さんすうフレンズ

フライング タイガー コペンハーゲン

どっちの背が

高いかな〜？

【 おもちゃの特徴 】

　　数の感覚を育むための木製おもちゃ。カラフルな木のバーは、それぞれ数字の大きさに応じて長さと色が異なります。1と9で10、2と8で10、3と7で10のように、ペアにするとボックスにぴったり収まるようになっています。数遊び以外にもいろいろな使い道があります。

階段のように
背の順に並べてみよう

遊び方のポイント**1**

階段のように背比べしてみよう

数字パズルに取り組むのがまだ早い子でも、さんすうフレンズは「高い」「低い」や「長い」「短い」の形容詞を学ぶのに役立ちます。背の低い順にバーを並べたり2つを比べてみたり。形容詞は「大・小」から獲得し、少しずつ使い分けを覚えていきます。「高い」や「長い」を全部「大きい」、「低い」や「短い」を全部「小さい」と言っている子におすすめ。

遊び方のポイント**2**

「〜より○○」
「〜のほうが○○」にトライ

「緑よりピンクのほうが長い」「これよりもっと短くないと入らない」のように、「〜より○○」「〜のほうが○○」の表現を使って話してみましょう。比べる表現はやや難しく、3語文以上のおしゃべりが安定してきた頃から使いはじめます。トライしてみて難しければ、期間を空けてまたチャレンジしてみて。

赤は黄色より…？

遊び方のポイント**3**

パズルとして遊んでみよう

付属のボックスの底面には、それぞれのバーと同じ色が塗られていてガイドにできます。パズル感覚ではめていくとぴったり入ります。数字が読める子であれば、「2のペアは8」「5のペアは5」と、数字にも注目します。「10のまとまりの数」を学ぶのは就学後ですが、その準備として手を動かしながら数の感覚を身につけていきます。

Advice
なな先生の
アドバイス
・・・・・

学齢児向けの数を学ぶための知育玩具ですが、パズルやブロックとして使い、遊び方をアレンジすると幼児期から楽しめます。もちろん、本来の使い方としてもすぐれているので数を楽しく学ぶのにもおすすめです。

25. くもんの玉そろばん120

くもん出版

100より 大きい数もわかるよ

おもちゃの特徴

　玉を手で動かしながら120までの大きな数をかぞえる「くもんの玉そろばん120」。数や量の感覚をつかみ、大きな数を想像するためには、繰り返し手を動かして操作する経験がとても大切です。5のまとまり、10のまとまりなど、数が持つ規則性に気づいたり、付録のシートを使って数字や「〇個」「〇本」のような助数詞に触れたりもできます。

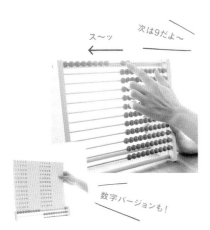

次は9だよ〜

ス〜ッ

数字バージョンも！

遊び方のポイント**1**

カチャカチャ動かすだけで楽しい

右側に寄せた玉をひとつずつ指先ですーっと左に動かしていきましょう。「1、2、3…」と、動きに合わせて数を唱えます。付属の数シートを使うと、赤玉5個と青玉5個を数字の上にぴたりとそろえることもできます。

遊び方のポイント**2**

10、20、30と、 10をまとめてかぞえてみる

数はいろいろなかぞえ方ができます。「10、20、30…」と、10個飛ばしでかぞえてみたり、「10、9、8、7…」とひとつずつ少なくなるようカウントダウンしたり、少し難しいですが、「5、10、15…」と色分けされている5個ずつ数えてみたりする、など。数の不思議に触れるきっかけになり、少しずつ理解が進みます。

10、20、30…

遊び方のポイント**3**

付属のシートを活用しよう

付属のシートを本体にセットして、具体的なもののかぞえ方にチャレンジ。お花は「〇本」、犬は「〇匹」、じゃあ、くだものは？ ものによってかぞえ方が違うのが日本語の数詞の特徴です。ほかには、4は「よん」と「し」、7は「なな」と「しち」のように複数の言い方をする数字もあるので、少しずつ整理してあげましょう。

お花が4本

Advice

なな先生の アドバイス
・・・・・

発達障害やグレーゾーンのお子さんの中には、数や数字に強い興味関心を持つ子がいます。「こだわり」とネガティブに呼ばれることも多いですが、好きなものにはとことんハマり、興味関心が育つ力を大切にしてあげてください。

26. バス・ストップゲーム

オーチャード・トーイ（ボーネルンド）

こんどは　どのバスにする？

【 おもちゃの特徴 】

　サイコロを振って出た目の数だけコマを進めます。次にルーレットを回して、バスに乗る人数を決めます。ルーレットでは数を 1 ＝●、3 ＝●●●のように数字と●で表しているので、数字を読めない時期から楽しめるすごろくです。運の要素が強いため、勝ち負けに差が出にくいゲームでもあります。

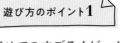

遊び方のポイント1

初めてのすごろくゲームにぴったり

　サイコロを振って出た目の数だけ進む、ルーレットを回して出た数字の分だけ人を乗せる、といった遊びを通じて、数に触れたりルールのあるゲームに慣れ親しめたりするようになります。勝敗は運任せなので、特定の誰かの勝ちっぱなしや負けっぱなしになりにくいのも子どもの遊びにぴったり。

遊び方のポイント2

バスにみんなを乗せてみる

　すごろくはまだハードルが高いかなと感じたら、人をバスに乗せていくだけでも楽しめます。「1、2、3……」と数をかぞえながら、バスにひとりずつ乗せてみましょう。ほかには、「女の人」「男の人」「おばあちゃん」「おねえさん」のような人を表す表現、「ひげが生えてる」「マフラーをしている」のような外見や恰好を表す表現を使ってみても。

遊び方のポイント3

「赤いバス」「緑のバス」
2語文の練習にも

　マップの上に色の違うバスを走らせながら、「赤い／バス」「緑の／バス」など、2語をつなげた表現を促すこともできます。2つの言葉を続けて言う2語文を取り入れる目安は、言える単語が増えてきた時期（＝カタコト期）です。

／バスのカラーは4色！＼

Advice

なな先生のアドバイス
・・・・・

　乗り物遊びですごろくができる魅力的なアナログゲーム。盤面にもイラストが豊富で、「牧場の前でバスから降りて〜」のように想像力が刺激されます。正規の使い方に縛られず、いろいろな遊び方で楽しんでみてください。

27. ハリガリ

アミーゴ（子どもの本とおもちゃ 百町森）

数を当てっこしてみよう

〖 おもちゃの特徴 〗

　　フルーツが描かれたカードを順番にめくっていき、同じフルーツが場に合計5個出たらチン！とベルを鳴らすカードゲーム。まずはルールを簡単にして楽しみましょう。銀色の光るベルを鳴らす楽しさ、スピード感とスリルが味わえることから、一緒に遊ぶきっかけづくりができるゲームです。

どんなフルーツが、
何個？

遊び方のポイント**1**

数を当てっこしてみよう

　カードは全部で56枚。それぞれに5種類のフルーツの
いずれかが、1〜5個描かれています。正規のルールは
まだ早いかなと感じたら、裏返したカードを1枚ずつめ
くって「どんなフルーツが、何個ある？」「いちごが、5
個！」と答えてもらったり、5個のカードならチンをして
もらったり、コミュニケーションを楽しみましょう。

遊び方のポイント**2**

銀色のベルを鳴らして
「5」揃えるゲームに挑戦！

5になった!?

　2人以上で遊ぶときは、銀のベルをお互いの真ん中に置き、カー
ドを裏返して各自の前に揃えます。そこから交互に1枚ずつ
めくっていき、場に同じフルーツが5個揃ったらチン！と早く
ベルを鳴らしたほうが勝ち。足して5になる計算ができて、かつ
素早く動くことが求められるので盛り上がります。

遊び方のポイント**3**

プラステンと組み合わせて
数と数を揃えてみよう

　数を揃える、という意味ではリングを棒に通してい
くプラステン（72ページ）とも組み合わせて遊ぶこと
ができます。ハリガリの「マスカットの4」のカードを
子どもに見せて、「同じ
数だけ入れられるか
な？」と提案していき
ます。フルーツとリン
グ、別のもの同士も同
じ数同士対応できるん
だ、という理解が促さ
れます。

＼ 同じ数を入れてみよう ＼

Advice

なな先生の
アドバイス
・・・・・

　「ベルを鳴らす」というちょ
っと特別感のあるアクション
が、子どもの心を刺激するカ
ードゲームです。具体物をか
ぞえる練習をしたい、1ケタ
の足し算につながる学習準備
を楽しくしたいお子さんにぴ
ったり。ぜひトライしてみて
ください。

28. おさるのジョージ スリーヒントカードゲーム

学研ステイフル

赤い自転車に乗った
ジョージはどこ？

【 おもちゃの特徴 】

「自転車に乗っています」「自転車の色は黄色です」「青いヘルメットをかぶって
います」と３つのヒントを聞いて、どのジョージのカードかを当てるゲームで
す。読み手が読み札のヒントを読み、取り手が並べた絵札からかるた形式で取
っていくのが基本ルールですが、それ以外にもいろいろな遊び方ができます。

自転車に乗っているジョージは
どこが違うかな？

遊び方のポイント1

似たカードを並べて間違い探し

　イラストの絵札は全部で36枚ありますが、最初からすべてを並べる必要はありません。まずは似たイラストを2〜4枚並べて、間違い探しの要領で「どこが違うかな？」と子どもに聞いてみましょう。「自転車の色がこっちは赤！」「後ろに木がない」などと教えてくれたら大成功。

遊び方のポイント2

ヒントを出して
正解を当ててもらう

　絵札を何枚か並べて「赤いギターを持っています。前にはカエルがいます。さあ、どれでしょう？」とクイズを出し、正解を選んでもらいましょう。大人は読み札なしで即興で出題します。成功したら、今度は役割を交代し、ぜひ子どもに出題してもらって。ことばを聞いて理解し、考えをまとめて話す練習になります。

こっちはギターが黄色…

遊び方のポイント3

動きのことば・様子のことばを
いろいろ使う

　ジョージがいろいろな恰好をしていろいろなことをしている絵カードのセットは、動きのことば（動作語）の宝庫。自転車に「乗る」、帽子を「かぶる」、かさを「さす」、ギターを「弾く」などが動きのことばです。文でのお話しが上手になっていくには、この動きのことばのレパートリーが重要と言われています。

自転車に
乗ってる！

Advice
なな先生の
アドバイス
・・・・・

　子どもに出題をお願いすると「ジョージが似合わないことをしているのはどれでしょう？」など大人には思いつかない、ちょっとズレたヒントが出てくることも。そうしたやり取りもコミュニケーションのおもしろさです。

29. どれがかわったの?

アミーゴ（子どもの本とおもちゃ 百町森）

ちょっとだけ
目をとじたら…

あれ？

まずは1枚ずつでぇ!

Schau mal!
Was ist anders?

【 おもちゃの特徴 】

　表と裏で絵がちょっとだけ違うカードを数枚ほど並べ、みんなが目を閉じているあいだに出題者がどれか1枚を裏返します。目を開けたら、場のカードをよく見てどこが変わったのかを当てた人の勝ち。全部で32枚あるカードは簡単なものから難しいものまでレベルもさまざま。

Advice
なな先生のアドバイス
・・・・・

「ここが違う」と指を差してどこが違うか見つけてくれたら、どこが・どう違うのかまで説明してもらいましょう。「多い／少ない」「太っている／痩せている」など、反対同士のことばを使うと上手に説明できますよ。

30.五味太郎しりとり ぐるぐるカード（どうぶつ）

オノ・グラフィックス

【 おもちゃの特徴 】

絵本作家・五味太郎の楽しいイラストが描かれたカードで、しりとりでことばをつなげていけます。うま→まぐろ→ろば→ばく……のようにつなげていくと、大きな「わ」になるのがポイント。ぐるりと並べきると達成感があります。

なな先生のアドバイス
. . . . .

しりとり遊びは文字を読むための準備である「ことばから、はじめの音を取り出す」「ことばの最後の音を取り出す」といった音韻意識を育てます。しりとりが苦手なお子さんでも繰り返し楽しくしりとり遊びができる素敵なカードです。

相互性　イメージ力　語彙力　文法

音韻　お口の　数　説明
⇒文字　機能

めばえ期　ぽつぽつ期　カタコト期　ぽんぽん期　プレ学習期

31. くもんのひらがなつみき

くもん出版

これなーんだ？

【 おもちゃの特徴 】

　　遊びながらひらがなや数字を覚えられる知育玩具です。積み木の表面には、絵、裏面にはその絵のはじめの一文字がプリントされています。積み木遊びをしながらはじめの音に注目したり、文字をつなげてことばをつくったりといろいろな遊び方ができます。

- 裏はな〜んだ？
- 裏は「も」！

最初の音を取り出そう

　積み木の表には絵が、裏面にはその絵の最初の文字がプリントされています。「裏には何の文字が書いてあるかな？」とクイズを出してみましょう。かさの「か！」、ももの「も！」と子どもが答えたら、「正解！」と裏面に返します。「語頭音抽出」といって、ことばのはじめの音を取り出すことが文字読みの準備になります。まだ字が読めない子どもでも楽しめます。出題するときには、表面の文字が見えないよう、指で隠しておくといいですよ。

文字をつなげてことばをつくる

　文字が大きく書かれている裏面だけを使って、知っていることばをつくってみる楽しみ方もできます。「と」「う」「ふ」、のように見本をひとつ見せたら、あとは自由につくってもらいましょう。ことばが何も思いつかない場合は、見本を紙に書いてあげ、見比べながらやるのが◎。はじめは濁点「゛」や半濁点「゜」、小さい「や・ゆ・よ」などがつかないことばを選んで。

▌ ほかにもこんな遊び方！ ▐

マグネットと対応させてみる

　数の積み木を使って数合わせの遊びはどうでしょうか？ 3頭のゾウ、3個のマグネット。大人からすればどちらも同じ「3」ですが、この対応を子どもは一歩ずつ理解していきます。前者はゾウが3頭いることが絵でわかり、後者はマグネットで数のみを表現しています。積み木の絵とマグネットを対応させると、「3」という数の理解が少しずつ促されます。

1、2、3でゾウが3頭

なな先生のアドバイス
· · · · ·

　はじめの音を取り出す遊びは、ことばがいくつかの音で構成されていることに気がつく「音韻意識」ともひもづきます。音韻意識の発達は文字を読むための準備のひとつ。あせらず少しずつ取り組みましょう。

相互性	イメージ力	語彙力	文法
音韻⇒文字	お口の機能	数	説明

めばえ期　ぽつぽつ期　カタコト期　ぽんぽん期　プレ学習期

32. トーキングゲーム

トビラコ

おはなしするって、おもしろい！

PASS

きょうだいは、いる？

PASS　カレーライスとラーメン、どっちが好き？

【 おもちゃの特徴 】

「きょうだいは、いる？」「カレーライスとラーメン、どっちが好き？」。カードを引いたら、そこに書かれている質問に答える。ルールは人の話を黙って聞くことだけ。これを順番に繰り返す、勝ち負けのないカードゲームです。話す、聞いてもらう、聞く。それぞれの楽しさを体験できます。

Advice
なな先生のアドバイス
· · · · ·

　まずは大人と子どもが1対1でやってみましょう。うまくことばが出てこない子でも、急かすことはせずにゆっくりと最後まで話を聞くのがルール。「最後まで言えた」「聞いてもらえた」ことで得られる安心感によって、コミュニケーションの楽しさを経験できます。

めばえ期　ぽつぽつ期　カタコト期　ぺらぺら期　プレ学習期

33. たのしいすごろくランド

京田クリエーション（永岡書店）

きょうは どの
すごろくにしようかな

すごろくがいっぱい！

［　おもちゃの特徴　］

　気軽に遊べるショートすごろくから、たっぷり遊べるロングすごろくまで。いろいろなテーマの21種類のすごろくがぎっしり詰まったすごろくブック。遊びの中で数字の感覚を磨いたり、コミュニケーションの力をつけることができます。切り取って使うサイコロ、コマ付き。

Advice

なな先生の
アドバイス
・・・・・

「おままごとには興味ないけど、すごろくならやりたい」という子にぜひどうぞ。それぞれのすごろくごとに独特の世界観があり、想像力とコミュニケーションが育まれるごっこ遊びの舞台にぴったりです。

おもちゃのお片づけテク

/////////////////

お片づけは、遊びが「おしまい」の区切りを
子どもに認識してもらう機会でもあります。
子どもが自分から進んで片づけたくなるような工夫やアイテムを紹介します。

Technique 1

カードは
ティッシュケースにすとん

　縦型のスリムなティッシュケースが、カードゲームの「おしまいポスト」に使えます。ポストに手紙を投函するように、入れるとすとんと音が鳴り、子どもは次々入れたくなるかも？「入れたい！」をモチベーションに楽しくゲームに取り組めます。

Technique 2

細かいアイテムは透明ボックス

　マグネットやボールなど、同じ形でいくつか種類があるおもちゃは透明か半透明の蓋付きボックス収納がベスト。中身が見えるので「ここに入れるんだ」と片づけやすいのはもちろん、遊ぶ前にも「早く中身をちょうだい！」という期待を引き出せます。

Technique 3

同じ箱を2つ用意する

同じ箱を2つ用意しておき、ひとつを「おしまい用」にしましょう。「おわったものはこっちの箱だよ」と子どもに入れてもらうことで、まだのもの／終わったものと、遊び場の整理になります。ひとつずつ取り出しては終わったら隣の箱に、ものが2つの箱を移動していくことで、注目を促しやすく、長く集中できることも増えます。

Technique 4

あえて開けにくい スクリュー型もあり

小物の収納には、小さな手では開けにくいスクリュータイプの蓋付き保存容器も活用してみて。自分だけの力ではなかなか開けられないと、周囲の大人に「開けて」と頼ってくれるので、「開けて」「はいどうぞ」のやり取りを引き出すことができます。周囲に手助けを求めるのはソーシャルスキルのひとつ。幼少期から少しずつ学べるといいですね。

Technique 5

透明・メッシュのポーチが便利

こまごまとしたもの、スリムなものは、中身が見える透明ポーチや半透明のメッシュポーチに収納しましょう。「あれ、どこ行ったっけ？」がなくなって、ほしいアイテムが一目で取り出せるようになります。大中小とサイズ別に分けて揃えると用途に合わせてスッキリ整理できます。

赤ちゃんと大人の"ターンテイキング"

　この本を書いている現在、私も0歳児の子育てをしています。3項関係(19ページ)が成立する以前の赤ちゃんは自分の意思を伝えられない存在かと思いきや、「おなかが空いた」「哺乳瓶の角度が悪くて吸いにくい」といった意思表示をしてくれます。

　ことばを話し出す前の子どものコミュニケーションは、「聞き手効果段階」と言われます。子どもが発した声・表情・息遣い・体の動きなどを大人が解釈し、「おなかが空いた?」「おむつ変えてほしいんだね」と、ことばと行動で応答します。

　そうした繰り返しのなかで、聞き手である大人があれこれ受け止めてくれることで子どもは"コミュニケーションの成功体験"を積んでいくことができます。その経験から、「自分の使える手段を用いて意思を伝えたら、なにか反応を返してもらえる(変化を起こせる)」ということを、自分なりのペースで学んでいくのだろうなと思います。

　このとき、もうひとつ注目したいのは、コミュニケーションの基本である「ターンテイキング(話者交替)」です。あたかも赤ちゃんが話したことを受けたかのように、大人側(聞き手)が会話のターンを交代します。こうした養育者の何気ない行動が、コミュニケーションの基礎を育んでいるのです。

赤ちゃんがメリーをじっと見つめているときは「くるくる回ってるね〜、楽しいね〜」などとことばかけしています。

ことばを引き出す

絵本

　ここでは、ことばのやり取りが生まれやすく、子どもが参加するタイミングがある絵本を中心に紹介しています。

　絵本の楽しみ方は読み聞かせばかりではありません。大人から子供への一方向ではなく、子どもと双方向のやり取りが活発になるような読み方もぜひ取り入れてみてください。テーブルに置いて読むのもいいですが、膝の上で読むスタイルや、向かい合って本を高く掲げて読む保育士のようなスタイルも、目が合いやすくておすすめです。

相互性　イメージ力　語彙力　文法

音韻→文字　お口の機能　数　説明

めばえ期　ぼつぼつ期　カタコト期　ぽんぽん期　プレ学習期

34.『きんぎょが にげた』

五味太郎：作　福音館書店

今度は、
どこかなぁ

【 あらすじ 】

　まあるい1匹のきんぎょが、鉢の中を泳いでいます。と思ったら、きんぎょがにげちゃった！　カーテンの模様になったり、お花になったり。次々にいろいろな場所に隠れるきんぎょが最後に隠れたのは？　くっきりと鮮やかな色合いの絵も子ども心をくすぐります。

きんぎょが にげた
五味太郎

いたね！

この本のポイント**1**

きんぎょを指差してみる

　自分の気持ちや意図を伝える指差しは、ことばにつながる大切な一歩。あちこちに隠れるきんぎょを一緒に探しながら「きんぎょはどこかな？」と子どもに問いかけて指差しを促してみましょう。

この本のポイント**2**

簡単なフレーズを繰り返す

　「きんぎょがにげた　どこににげた？」「おや、またにげた」と同じフレーズが何度も繰り返されます。パターンの繰り返しがあると、子どもは安心し、期待を持って楽しめます。二度三度の繰り返しの中で、ときどき子どもにセリフの続きを担当してもらいましょう。

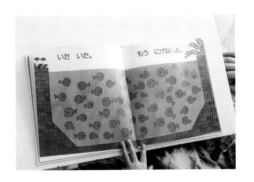

いた　いた。　　もう　にげないよ。

この本のポイント**3**

どこにいるか教えてもらう

　ページをめくるたびに隠れる場所を変えるきんぎょ。「きんぎょ、どこにいる？」と問いかけ、「お花の中」「お菓子みたいになってる」など、子ども自身のことばで説明してもらいましょう。

こんどは、どこ。

こっちも似てるけど、
あっちなの！

Advice なな先生のアドバイス
· · · · ·

　シンプルな絵本だからこそ、「指差しをする→フレーズを繰り返す→自分のことばで説明する」と、子どもの発達段階に合わせた楽しみ方を提案できます。描いてある通りに読み聞かせるだけではもったいない！　ぜひいろいろな楽しみ方を探してみて。

35.『ころりん・ぱ!』

ひらぎみつえ：作　ほるぷ出版

／ ほら、動くよ! ＼

ころりん　ぞろぞろ　ころがるよ
ころころ　くるん
ころころ　くるん
いっしょに
ころりん　ぱ!

【 あらすじ 】

かわいい目玉がついた「わっか」が、絵本の中の道を楽しそうにころりんころりん走ります。かくかく、くねくね、ぐるぐる、「わっか」を指ですーっと動かして、いろいろな道を通ってみましょう。小さい子でも、思わず指で触れて動かしてみたくなるしかけ絵本。

この本のポイント

指差しはことばの一歩目

　指差しの習得ははじめてのことばが生まれる手前にある大切なステージです。くりくりの目玉をつけた「わっか」は、思わず動かしてみたくなるはず。ページごとに色の違うわっかに指で触れ、溝の間をすーっとスライドさせ、指差しにつながる手指の動かし方を学びます。

Advice
なな先生のアドバイス
. . . . .

　指先を動かすと、自分の意識が指先端に向きます。指差しが成立するには、単に手の形をつくるだけではなく、指差しの持つ意味合いや相手の意図にも気づく必要があります。

36.『ノンタン もぐ もぐ もぐ』

キヨノサチコ：作　偕成社

【 あらすじ 】

「ノンタン もぐ もぐ もぐ。なに たべてるの?」「おいしい おいしい バナナ!」「うさぎさん もぐ もぐ もぐ」……ノンタンといろんな動物が、子どもに身近な食べ物と一緒に登場する赤ちゃん絵本。

なに食べてるの?

うさぎさん
もぐ もぐ もぐ。
なに たべてるの?

この本のポイント

フレーズを少しだけ担当してもらう

　おすすめの読み方は、少しだけ子どもにも読む担当してもらうこと。「うさぎさん……なに たべてるの? おいしい　おいしい…」「にんじん!」とセリフの続きを子どもに担当してもらいましょう。失敗しても、何度か同じパターンが続くので、だんだんと上手になっていきますよ。

Advice

なな先生のアドバイス
· · · · ·

　絵本の楽しみ方は大人が読み聞かせるだけではありません。言語聴覚士は、ことばを引き出したり、やり取りをしたりして楽しませることもあります。同じパターンが繰り返される絵本では、次ページを予測して期待でき、子どもが思わずおしゃべりしたくなるはず。

37.『はらぺこあおむし』

エリック・カール：作　もりひさし：訳　偕成社

【 あらすじ 】

「にちようびの あさ うまれた ちっぽけな あおむしは、おなかが ぺっこぺこ」。ダイナミックな絵のタッチと、色彩豊かなデザインで世界を魅了した「色の魔術師」エリック・カールによるロングセラー絵本。ことばのリズムを楽しみながら読んでいきましょう。

この本のポイント**1**

小さな穴に触れて楽しむ

はらぺこあおむしが食べた跡は、丸くくり抜かれた穴として表現されています。まだ物語を理解できない子や、絵本を読み慣れていない子でも、この小さな穴の部分に指を入れて遊びながら、あおむしがごはんをもぐもぐと食べているイメージを共有します。指をあおむしのように動かして、食べっこ遊びへ展開するのも楽しいですね。

もくようび…

この本のポイント**2**

繰り返しのパターンに親しむ

食べものの場面では「りんごを ひとつ みつけて　たべました」「まだ、おなかは ぺっこぺこ」と、同じパターンが月曜日から日曜日まで繰り返されます。このように、繰り返すパターンの中で少しずつ変化がある絵本は、ストーリー絵本が苦手な子どもにも親しみやすいです。前後のページは飛ばして、「げつようび〜」から読むのも。

この本のポイント**3**

大人と立場を逆転しても！

繰り返し読むうちに、セリフをまるごと覚えてしまう子も。そんなときは、役割をスイッチして子どもに読み聞かせをしてもらってもいいと思います。「それでも おなかは？」「ぺっこぺこ！」のように合いの手を入れてもらう読み方もおすすめ。

Advice

なな先生の アドバイス

• • • • •

最後にあおむしはちょうちょになりますが、その姿を早く見たい！と、ページを次々めくる子もいます。書かれている文字を正確に読み聞かせることにこだわる必要はないので、お子さんの興味や注意が向くペースに合わせてあげてください。

あっ、ちょうちょ！

38.『かわいいてんとうむし』

メラニー・ガース ほか：作　　きたむらまさお：訳
大日本絵画

てんとうむし、

少なくなったよ？

【 あらすじ 】

　コロコロかわいいてんとうむしが、野原に10匹。でも絵本をめくるたびに、1匹ずつ消えていって……？　ページに開いた穴から、プラスチックのてんとうむしがコロコロ。思わず手が伸びて触りたくなる穴あきしかけ絵本です。数をかぞえる練習にもぴったり。

\ コロコロするね /

この本のポイント**1**

さわって楽しめる

　目で絵を追うだけでなく、手で触れたり穴に指を入れたりして楽しめるのが魅力の絵本。ツヤツヤでコロコロするプラスチックのてんとうむしは、思わずさわってみたくなる質感で子どもたちは大好き。色も模様も微妙に違うので、「どこが違うかな？」と一緒に観察してみて。

この本のポイント**2**

ドキドキする展開

　ちょうちょがやってきて1匹消えた。いもむしがやってきて1匹消えた。10匹いたはずのてんとうむしが、ページをめくるごとに1匹ずついなくなっていきます。「どこにいったのかな？」と展開のドキドキ感を共有しながらページをめくっていきましょう。

どこへいったかなあ？

この本のポイント**3**

数をかぞえる練習になる

　数をかぞえる絵本にしては珍しく、10、9、8……と数が減っていきます。まだ数が減っていくのは難しい、という子には、読み終わった後にページを逆から読んでいくと1匹ずつ戻ってきてくれるので、数の確認になります。

Advice

なな先生の　アドバイス

・・・・・

　おもちゃと絵本、どちらの要素もあるしかけ絵本。ちょっぴりドキドキする展開ですが、最後はちゃんとハッピーエンドなのでご安心を。てんとうむしが消えていく不思議さに興味が向き、ページを開いたり閉じたりしかけを解き明かそうとする子もいるほど、夢中になれる1冊です。

いーち、にー、さーん……

39.『コロちゃんはどこ？』

エリック・ヒル：作　まつかわまゆみ：訳　評論社

あ、いたいた！

コロちゃん！

そこね
じゅうたんの
したね

バスケット
みてごらん！

【 あらすじ 】

　子犬のコロちゃん、ごはんの時間なのにどこへ行っちゃったの？
ママが家のあちこちを探し回りますが……。10種類のいろんな動
物が飛び出してくる、ワクワク楽しいしかけ絵本。世界中の子ど
もたちのファーストブックとして親しまれているロングセラー。

動物の真似をしてみよう

ライオン、くま、へびなど、10匹の動物が次々に現れるしかけ絵本です。「ライオンさん、ガオー！」と鳴き声を一緒に言ったり、「へびさん、にょろにょろにょろ～」と身振りを一緒にしたりして表現を広げていきましょう。鳴き声や身振りの表現で、イメージが膨らみことばの獲得を助けます。

一緒に"コンコン"してみよう

ドアやピアノの蓋、置き時計の中など、いろいろな"扉"の中に動物たちが隠れています。一緒にコンコンと扉をノックして、しかけをめくるときの期待を高めましょう。「次は誰かな？」とことばかけしてみてもよいですね。

> コンコン

居場所を言葉で表現する

「ドアの後ろ」、「じゅうたんの下」、「箱の中」など、場所を表す表現をいろいろ言ってもらうこともできます。慣れてきたら、「下」や「後ろ」と単語のみでなく、できれば「じゅうたんの下」のように、フレーズで言ってもらうといいですね。

> 下にいたよ！

Advice なな先生のアドバイス
・・・・・

「注目や指差し→身振り・鳴き声→動物の名前→居場所を説明」と、子どもの発達段階に合わせた複数の楽しみ方ができる絵本です。文字が大きく書かれているので、子どもが自分で読むのにも適していて、長い期間楽しめます。1ページに描かれている絵がひとつなので注目する場所がわかりやすく、注意がそれやすい子にもおすすめ。

40.『どうぶつのおやこ』

藪内正幸：作　福音館書店

【 あらすじ 】

いぬ、さる、くま、ぞう、ライオン、キリンなど、子どもたちがよく知っている動物の親子が次々と登場します。どの動物もきょうだいやお母さん、お父さんと一緒。文字がないぶん、受け身でいるだけでなく、絵をきっかけにコミュニケーションが生まれやすい絵本です。

この本のポイント

子どもが注目しやすい

ページをめくるたびにさまざまな動物の親子が登場するというパターンがあります。次を予測しやすくわかりやすいので、子どもの注目や参加につながります。臨機応変な会話が苦手な子には、「おさるさんのママと？」「あかちゃん」、「ワンちゃんのママと？」「あかちゃん」のように、同じやり取りを続けるのもいいでしょう。

Advice

なな先生のアドバイス

ストーリーがある絵本はまだ難しいかな？ と思う子には繰り返しのパターンがある絵本が◎。また、描かれている絵が1ページに1つだけの絵本は、注目するところがわかりやすく集中できます。パターンを経験して流れがわかってくると、その先の段階としてストーリー絵本も楽しめるようになっていきます。

41.『うしろにいるのだあれ』

accototo：作　幻冬舎

【 あらすじ 】

うしろにいるのだあれ？　じゃあ、前にいるのは？　上にいるのはだあれ？　いぬ、ねこ、ぞう、かめなど、いろいろな動物が次々と登場して、最後は……。想像力をめぐらせながら読んでいく絵本。問いかけながらのクイズ形式にしたり、読み終えた後に順番を聞いたりしても。

この手は
だれの手かなぁ

あっ かめくん
かめくんの うしろに
いるの だあれ

この本のポイント

位置をイメージして読む

「上に、下に、前に、後ろには、どの動物がいるのかな？」とかかくれんぼ的な要素を楽しむユニークな発想の絵本です。それぞれの動物がいる位置をイメージしながら読む、空間を認識する力が育っていく子もいます。

なな先生の
アドバイス
・・・・・

「うしろにいるの だあれ」の質問に答えてもらってもいいですが、「ねこさんはかめくんの…？」「うしろ！」のように、位置の表現を答えてもらうと少し難しくなります。その子に合わせて変えてあげてください。

相互性　イメージ力　語彙力　文法

音感
⇒文字　お口の機能　数　説明

めばえ期　ぽつぽつ期　カタコト期　ぽんぽん期　プレ学習期

42.『ノンタンぶらんこのせて』

キヨノサチコ：作　偕成社

一緒にかぞえて
みようか

みんなで 10まで
かぞえて
あげるよ。

「それっ」

「1・2・3、
4・5・6、
7・8・9・10。
おまけの おまけの
きしゃぽっぽ、
ぽーっと なったら
かわりましょ！」

【 あらすじ 】

ブランコをこぐのが楽しいノンタン。次々と集まってくるお友達に「ぶらんこのせて」
とお願いされたけれど、ずっと独り占めしていたらお友達が怒り出しちゃった！　10か
ぞえたら交代と約束したものの、ノンタンにはそれができない理由があって……。

この本のポイント

初めて数を学ぶときに

　1から10までかぞえるシーンが登場する絵
本。その場面では一緒に数をかぞえましょう。
数の理解は、「数を唱えること（数唱）」「何個ある
かわかること（数概念）」「文字の数字が読めるこ
と」などいくつかの力が総合的に身についてい
くことで進んでいきます。この本ではリズムに
乗せて一緒に唱える数唱を。

Advice
なな先生の
アドバイス
・・・・・

　お友達がノンタンに「ぶらんこの
せて」と言いに来る"繰り返し"があ
ります。パターンの繰り返しに親し
むのは、物語を理解するひとつ手前
の大切なステップ。何度か同じパタ
ーンが繰り返された後にそのパター
ンが予想外に崩れることを、子ども
は楽しく受け止めます。

めばえ期　ぽつぽつ期　カタコト期　ぽんぽん期　プレ学習期

相互性　イメージ力　語彙力　文法
音韻⇒文字　お口の機能　数　説明

43.『14ひきのあさごはん』

いわむらかずお：作　童心社

まだ寝てる子が
いるね！

おかあさんが おきて、おばあさんが おきて、こどもたちも おきて。　ねぼうさんは だれ？

【 あらすじ 】

ここは14匹の野ねずみの大家族が暮らす森の中の家。一番の早起きはおじいさん。子どもたちも次々にみんな起きてきて朝の支度に取りかかります。豊かな自然の中をいきいきと動き回る、にぎやかで個性豊かな野ねずみのきょうだいが魅力的なシリーズです。

この本のポイント

誰が、どこで、今なにしてる？

お寝坊さんからしっかり者まで、野ねずみきょうだいは同じ朝の場面でも実はそれぞれに違うことをしています。ページを隅々まで見ると、「あの子はまだ寝てるね」「顔を洗ってるね」「あれ、並んでいない子がいるね？」などいろいろな感想が出てくるはず。

Advice

なな先生のアドバイス

・・・・・

舞台は森の中、出てくるのは野ねずみたちですが、描かれているのは朝の支度や食事など、子どもたちに身近な生活の場面です。野ねずみたちの朝の姿を見ながら、子ども自身も自分の生活を自分のことばで表す機会になるでしょう。あらすじを追うだけでなく、ページを眺めながらじっくりことばを交わしてみてください。

44.『バムとケロのもりのこや』

島田ゆか：作・絵　文溪堂

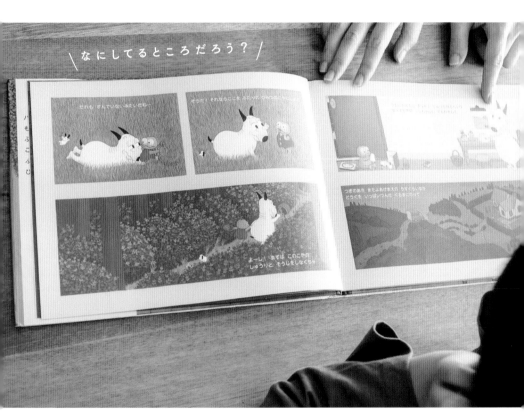

なにしてるところだろう？

【 あらすじ 】

　森へ出かけたバムとケロは、誰も使っていない古い小屋を発見。ここをきれいにお掃除して、「秘密の小屋」をつくってみたらどうだろう？やがて仲間のみんなもどんどん集まってきて小屋はにぎやかに。穏やかな犬のバムとやんちゃなカエルのケロのコンビが楽しい人気シリーズ。

\ 次はどこへ行くのかな〜 /

バムとケロと一緒に冒険しよう

「バムとケロ」シリーズでは、日常よりもちょっとだけ特別な小さな冒険がいつも描かれています。森の中で古い小屋を見つけたり、寒い朝にカチカチに凍った池を見に行ったり、みんなでお買い物に出かけたり。ふたりと一緒にお出かけする気持ちで物語に入っていきましょう。

この本のポイント**2**

ほかの仲間たちにも注目！

メインストーリーはバムとケロのお話ですが、よく目を凝らすとふたりの周囲にいる小さな仲間たちもちょこまかと活躍しています。「あの子がここにいるね」「今度はこっちに隠れていたよ」と探してみる楽しみ方も。内容がわからない子も、絵を眺めるだけで楽しめます。

見て見て！

この本のポイント**3**

子どもと交互に読んでみる

このシリーズは絵本ですが、マンガのように上下や左右でコマ割りされているページがあります。書かれている文だけにとらわれず、絵を見てストーリーを自分で想像し、お話をつくってみてはどうでしょう。とはいえアドリブは難しいので、大人のお手本と交代でお願いします。

Advice

なな先生の アドバイス

・・・・・

絵にはさまざまな工夫が凝らされており、何度読んでも飽きません。繰り返し読むたびに、新たな発見があるはず。かわいいキャラクターたちのユーモラスな行動を楽しみながら、一緒にページをめくってゆったりと感想を交わしましょう。

相互性 イメージ力 語彙力 文法
音韻⇒文字 お口の機能 数 説明

めばえ期 ぽつぽつ期 カタコト期 ぽんぽん期 プレ学習期

45.『レッド・ブック』

バーバラ・レーマン：作　評論社

赤い本を
持って行った？

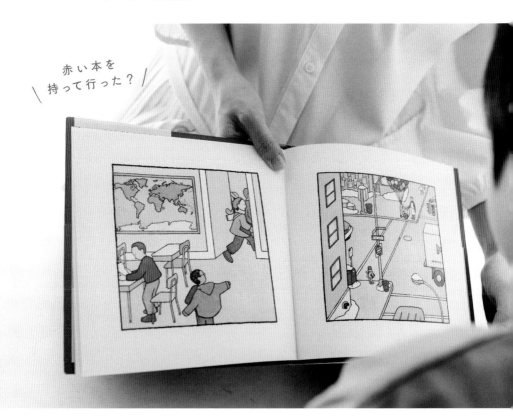

【 あらすじ 】

　雪の降る日に、街で女の子が拾った赤い絵本。ページをめくると、本の中では南の島で暮らす男の子が赤い絵本を拾っていて……。物語が進むにつれて、別々の場所にいるはずのふたりの世界がリンクしていきます。文字が一切ない、絵だけの絵本です。

本の中にも
本があるね

この本のポイント1

字がないからこそ一緒に話し合える

『レッド・ブック』は最初から最後まで、まったく字が書かれていない絵だけの絵本です。「どうやって読めば？」と戸惑うかもしれませんが、字がないからこそ自由に思ったことを言い合えるのが魅力。子どもと一緒に絵を見つめて、感じたことをことばに変えて交換しましょう。

この本のポイント2

子どもの反応に敏感に

絵だけの不思議で自由な本だからこそ、読む人によってどこに心を動かされるかが違います。子どもの反応を見守りながら、「あれ、これって？」と思わず指差ししたところ、びっくりしたところなどは見逃さずに反応して、気持ちを共有しましょう。

ほんとだ！

あ、風船！

この本のポイント3

自分のことばで説明してもらう

次々に移り変わる場面、意外な展開を「これってどういうことだろうね？」と問いかけ、子ども自身のことばで説明してもらいましょう。ストーリーはやや複雑なので、わかったつもりでもうまく説明できないことも。一度と言わず、何回も一緒に読んで、話してもらって。

えっと…

Advice

なな先生の
アドバイス

・・・・・

字のない絵本は、読み取った場面を自分のことばで説明するいい練習になります。あらすじを説明すること、そこで自分がどう感じたかを話すこと。また、それを相手に受け止めてもらう経験を積むことで、表現力が身についていきます。説明力は小学校以降に始まる学習のための大切な土台となります。

46.『「だるまさん」シリーズ 3冊ケース入り』

かがくいひろし：作　ブロンズ新社

「だ・る・ま・さ・ん・が……」という短いフレーズとともに、左右に動くだるまさん。子どもはページをめくる手前で次を期待して待ち、読み手と呼吸を合わせるコミュニケーションが生まれます。リズムに乗って1音1拍の対応関係を受け取ることも。自然と「が」や「の」などの助詞に注目できるのも魅力。「目」や「毛」など、体の名前も身につくでしょう。楽しく読み聞かせているうちにいろいろな力が育まれます。

47.『かおかお どんなかお』

柳原良平：作　こぐま社

コミュニケーションを育むには、ことばだけでなく顔の持つ表情への注目も大切です。さまざまな表情を表現するこの絵本は、嬉しい顔・悲しい顔など、顔に注目し、興味を育てるきっかけづくりにおすすめです。「見て見て、怒った顔！」と、実際にやって見せ合うと楽しく読めますよ。

48.『あっちゃんあがつく たべものあいうえお』

さいとうしのぶ：作　みね よう：原案　リーブル

「あっちゃん あがつく あいすくりーむ」のように、「あ」から「ん」まで、濁音なども含めて69音すべてが登場。リズムに乗ってことばの"音"に注目を促すことで、音韻意識を育てます。繰り返し唱えるなかで、「同じ"あ"ではじまることばだね」と、気づきが生まれるかも。自分でことばをアレンジしてオリジナルのフレーズを考えてみるのも◎。

49.『おおきなかぶ』

A・トルストイ：再話　内田莉莎子：訳　佐藤忠良：絵
福音館書店

大きく育ったかぶを引き抜こうと、おじいさんが「うんとこどっこいしょ」。それでも抜けないのでおばあさんを呼んできて……。おなじみのロシアの昔話の絵本ですが、パターンの繰り返しがあり、子どもが次の予測を立てやすいところに魅力があります。人や動物が入れ代わるほかは、セリフはほとんど同じ。一緒に、「うんとこどっこいしょ」と言ったり、引っ張るマネをしたり遊んでみましょう。

50.『カラーモンスター きもちは なにいろ?』

アナ・レナス:作　おおともたけし:訳　永岡書店

　感情は目に見えず、触れたりもできないので、抽象的に捉えづらいもの。この絵本では、いろいろな気持ちがごちゃごちゃになっている「カラーモンスター」が、気持ちを色にたとえて、理解したり伝えたりする内容。気持ちを理解したり伝えたりは苦手だけれど、カラフルなものが大好き!という子どもにぴったりです。「今日の気持ちは〇〇色!」と伝え合ってみて。

51.『いわいさんちの どっちが? 絵本』

いわいとしお:作　紀伊國屋書店

　左右のページで少しだけ違うところがあり、それを見比べながら楽しく読める絵本の3冊セット。ユニークな絵がクセになるおもしろさです。「どっちがへん?」と聞いて選んでもらった後で、どうして変なのかを説明してもらいましょう。「シャツをさかさまに着ている」など、説明する力が身につきます。

52.『このあいだに なにがあった?』

佐藤雅彦、ユーフラテス:作　福音館書店

　並んだ2枚の写真から、そのあいだに起こったことを考える絵本。たとえば、もふもふの羊とスリムになった羊。「このあいだにはなにがあったんだろう?」と想像します。見えていない途中を想像する力や推理する力、自分の考えをことばにして伝える力を育てます。もし間違っていても、すぐには否定しないで「なるほどね。どこからそう思ったの?」と聞いてあげて。

53.『かさ』

太田大八:作　文研出版

　文字が一切書かれていない絵だけの本。女の子が赤い傘をさしてお父さんを迎えに行くまでのストーリーですが、絵だけを読み取って内容を楽しみます。子ども自身に話をしてもらうといいですが、長い物語を話すのはとても難しいこと。ページごとに交互に説明を担当したり、一緒に表現を言い合ったりしながら物語を味わってみましょう。

おもちゃ遊びをもっと深める!
日用品を活用しよう

////////////////////

おもちゃ以外に、身のまわりにある日用品を使って
ことばが生まれやすくなる遊びの工夫を紹介します。

マスキングテープ

スタートやゴールをつくって遊びたいときに、手軽に貼ってはがせるマスキングテープがおすすめ。また、絵本の文字情報が多いと気が散って集中できなくなる子どももいます。「この説明はまだ必要ないかも?」と感じた情報は、白いマスキングテープで隠してスッキリさせましょう。

スタートラインに	目隠しに

トレイ

なにかと便利なトレイはおままごとの名脇役。「いちごとパンととうもろこしを持ってきて」などのやや難しいお願いも、トレイがあれば1個ずつのせられるのでハードルが下がります。子どもは大人の真似っこが大好き。新しい小道具をひとつ取り入れるだけでいつものおままごとも新鮮に遊べるかもしれません。

マグネット

マグネットは、いろいろな色を揃えておくと遊びの道具に変わります。数の理解に使ったり、おままごとの具材に使ったり。お絵描き感覚で色を組み合わせて、ホワイトボードにペタペタ貼ってみても。「何をつくったの?」から会話が生まれます。マグネットは100円ショップで購入できます。

※小さな子どもの誤飲には十分ご注意ください。

遊びがやめられないときは…

タイムタイマーで「終わり」を共有しよう

遊びに夢中になりすぎて、なかなか終われない。そんなときはタイムタイマーというアイテムを使って、残り時間を目に見えるようにしましょう。

あと10分で
終わりにしようか

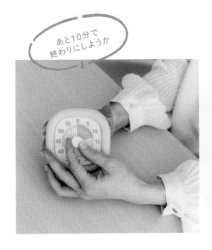

子どもは「時間」がまだわからない

真ん中のダイヤルを手で回して時間を設定する手動タイマーです。時計がまだ読めなくても、時間を示す青い部分の面積が少しずつ減っていくことで時間の感覚がだんだんと身についていきます。

「あと10分ね」とことばかけして一緒にセット

活用するときには必ずセットするところを見てもらい、「あと20分でお片づけしようね」と共有しましょう。タブレットや動画視聴など、区切りがつけづらいものに取り入れたり、次の予定が決まっていて外出準備をするカウントダウンの場面で活用したりするのがおすすめです。

療育でもよく使われる

タイムタイマーは、療育現場でもよく使われています。先の見通しが立たないことに不安を感じる子や、好きなものに過度に集中してしまう子の勉強や遊び、時計を読む練習の前段階のスモールステップとして、子どもに合わせて取り入れてみてください。

食べる力が、しゃべる力の土台になる

　生まれてから間もなくして、わが子はおなかが空いたときに「えーん」や「おぎゃあ」ではなく、「レー！」という声で泣くようになりました。ミルクの準備をしながら「どれどれ…？」と、口の中をのぞいてみると、なんと！　泣きながらも口の中ではもう舌がミルクを飲む準備をしているようなのです。

　ミルクを飲むときの赤ちゃんは、舌の両端を持ち上げ、ストローのように縦にすぼめた形で舌を乳首に巻きつけて哺乳をします。おなかが空いているときは、ほかの理由で泣くときよりも舌が持ち上がっている、だから「レ」の音を発音するときに近い舌の形になるのかもしれない…と感心したのでありました。

　そもそも、赤ちゃんと大人では、食べ方・飲み込み方が違います。

　顎を動かしてよく噛んだり、上唇で食べ物をスプーンからこそげ落としたり、舌を使って食べ物を歯の上や喉の奥に運んだりといった動きは、赤ちゃんにはまだできません。

　そうした口や舌の動かし方＝食べる力は、成長とともに少しずつ獲得していくもの。また、食べる力がしっかりと育っていけば、舌や唇、顎などを使っていろいろな音を発することにもつながります。

　“食べる”という、生きていくために欠かせない営みが、ことばを支える発音・滑舌にもつながっていくとは、人間の体は不思議です。

Part 3

「ことば」にまつわる Q&A

子どものことばに関する具体的な悩みや素朴な疑問、
周囲でよく耳にする噂など、さまざまな質問におこたえします。

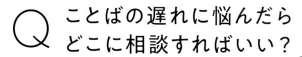

お悩み1

Q ことばの遅れに悩んだら どこに相談すればいい？

A 療育センター、小児科、 言語聴覚士が力になります

まずは自治体を頼ってみて

　ことばの発達は、個人差がとても大きい領域です。「1歳過ぎに初めてのことばを話す」「1歳半を過ぎると語彙の爆発が起こる」「2歳で2語文を話す」「3歳で3語文を話す」などの目安がありますが、それはあくまでも目安に過ぎません。

　悩みの状況は、子どもによって異なります。理解はできているようだけれどことばが出ない、おしゃべりはできるけれど不明瞭、ことばは知っているのに人とのかかわりでうまく使えない、吃音や読み書きの発達が気になるなど、さまざまです。

　「周りの子と比べるとやっぱり遅いかも」などの不安を抱えているのであれば、1歳6ヵ月児健診、3歳児健診などの乳幼児健診で相談してみましょう。健診のタイミング以外でも、自治体の保健所では育児相談を随時受けつけています。ほかには、発達の相談を受けつけている小児科、児童発達支援センター（療育センター）などを利用するのもおすすめです。

言語聴覚士は「ことばのプロ」だけれども

　お住まいの近くに言語聴覚士が在籍するクリニックや相談室があれば、ぜひ一度活用してみてください。言語聴覚士は、ことば・コミュニケーション・聴覚・嚥下などの領域に従事する国家資格を持つ、「ことばとコミュニケーションのプロ」です。ことばの苦手やお悩みに対してなにをしていけばいいのか、聞き取りや行動観察、検査などを通して一緒に考えていきます。

　しかし、残念ながら今の日本では子どもの発達支援分野に対応できる言語聴覚士の数が圧倒的に不足しています。日本にはのべ4万人弱（2023年時点）の言語聴覚士がいますが、そのうち子どものことばの発達について相談に乗れる言語聴覚士は2～3割程度。子どものことばの発達に悩む家庭がたくさんあるのに、言語聴覚士の数が足りないために、相談できる場がまだまだ不足しているのが実状です。

　こうしたギャップを少しでも埋めていくことが、この本の目的でもあります。言語聴覚士は「ことばとコミュニケーションのプロ」ですが、一度きりの検査や訓練だけで子どもがことばを話せるようになるわけではありません。ことばの発達は、日常生活や遊びを通じて少しずつ育まれていくものです。この本を参考にしながら、あせらず、気負わず、目の前のわが子を見つめながら、ことばを育んでいきましょう。

言語聴覚士について調べるなら…
●日本言語聴覚士協会　https://www.japanslht.or.jp/
お住いの地域で探す場合は「〇〇県（お住いの地域）言語聴覚士協会」と検索してください。

Q 「ことばのシャワー」は たくさんかけるべき？

A ことばかけは、量よりも ステップを踏むことが大事

過剰なことばはノイズになってしまう

「子どもにはことばのシャワーをたくさん浴びせましょう」

ことばの発達で悩んでいるとき、そんなアドバイスを耳にしたことはありませんか？　とにかくたくさんことばをかけてあげて、絵本をどんどん読み聞かせてあげて、といった意図で使われているようですが、言語聴覚士である私自身はこの表現をあまり使いません。

　理由はいくつかありますが、一番はその子が受け取れる量を超えた過剰なことばかけは、右から左へ素通りしてしまうか、もしくはたんなるノイズ（雑音）で終わってしまうからです。もちろん、「ことばのシャワー」をスポンジのようにぐんぐん吸収できる子もいますし、そうした時期も来るかもしれません。しかし、ことばの発達の相談に来る子どもの多くは、「ことばを受け取る力」がまだ弱いことも珍しくありません。勉強も同じです。過剰にインプットの量だけを増やしても、そのすべてが知識として身につくわけではありませんよね？　知識として身につくのは、自分なりに受け止め、咀嚼し、理解できたときだけです。それになにより、話しことばは一方的に「浴びせる」ものではなく、相手に受

け取ってもらうためのものです。

「ことばのシャワー」が与える不必要なプレッシャー

「ことばのシャワー」という表現を使わないもうひとつの理由は、この表現自体が保護者への不必要なプレッシャーになってしまうからです。「もっとことばのシャワーを浴びせましょう」とアドバイスをされても、「自分のこれまでのやり方はよくなかったのかな」「もう十分ことばをかけているのに」と気落ちし、自信を失ってしまうならば、あまり有効なアドバイスとは言えないと思います。

たとえば、ことばをまだ理解していない時期であれば、目と目を合わせるアイコンタクトや発声、こちらのことばかけに体の動きで返してくれることなども大切なコミュニケーションです。「バイバイ」はお別れの場面のあいさつ、のようにことばと意味がセットで結びつくようになってきたら、短く、簡単なフレーズのことばかけがよいでしょう。

さらに、ことばが増えてきたら、子どもと大人が交互に、同じ量ずつ話すよう心がけてください。こどものことばを先回りして話す順番を奪ったり、大人ばかりが長く話すのではなく、むしろ子どもが話すための時間をたっぷり取るように心がけましょう。

大切なのは、ことばかけの「量」よりも、こうした発達のステップを一段ずつ上がっていくことです。子どもが今、どのような発達段階にいるのか探りながら、「おしゃべりが楽しい」とお互いに感じられるようなことばかけができるといいですね。

Q 絵本を読み聞かせても、反応が薄い…

A 無理に引っ張り込もうとせず 子どもの「好き」を探してみて

絵本よりも好きなことがあるかも

　絵本をたくさん読み聞かせたり、おもちゃで一緒に遊ぼうと促したりしているけれども、肝心の子どもの反応がいまいち薄い……。これもまた、「子育てあるある」ではないでしょうか。

　興味がない・反応が薄い可能性のひとつに、発達段階と遊びがマッチしていないということがあります。発達に凸凹があるということは、運動・認知・言語など、各々の領域がそれぞれの発達ペースを持つということです。そうすると、発達ペースに合わせた遊び方を見出すのに少し工夫が必要な場合があります。また、私たち大人の興味がそれぞれ違うように、子どもの興味関心が向かう先も人それぞれ。同じ本好きでも、お話（物語）に興味がある子もいれば、図鑑に魅力を感じる子もいるでしょう。体を大きく使う遊びに夢中になる子もいれば、ひとりで黙々とブロックに取り組むことに熱中する子もいます。

　大人が提示する「遊び」に、子どもが必ずしも興味を持ってくれるとは限らないのは、ある意味、当たり前のことです。

まずは子どもの「好き」を探してみよう

　子どもがあまり興味を示してくれないときに、押しつけたり無理強いしたりするのは逆効果です。

　それよりも、目の前にいる子どもが、「今、なにに興味を持っているのか」をじっくり観察しながら探ってみましょう。大人が先回りして手や口を出さなくても、子どもは自分の関心が向かう先を少しずつ見つけていきます。その子が自ら手を伸ばし、繰り返し好んでしているのはどんな遊びやおもちゃでしょう？　どんな遊び方のツボがありそうでしょうか？　夢中になっている遊びが、背伸びしすぎない、今のその子の成長・発達ペースに合ったものと捉えましょう。

　かかわり方にもコツがあります。ひとつは、行動をまるごと真似っこすること。子どもが手をぱっちんと合わせたら、大人も同じく手をぱっちんと合わせます。子どもが「だぁ！」と言ったら大人も「だぁ！」と言う、声やことばの真似っこもいいですね。

　こちらに視線が向いてくれたら、子どもの行動や考えていそうなことを、「ボール転がったね」「ブロック足りないね」などとことばにします。たくさん話しかけるのではなく、あくまで反応を引き出すために少しずつ。ちょうどよい量のことばかけかどうか迷うことがあれば、子どもと大人が同じ量・回数だけアクションしたり話したりしているかな？　を目安にしてみてください。

夢中になることは人それぞれ！

Q ことばが遅い＝発達障害と考えたほうがいい？

A ことばの遅れと発達障害は必ずしもイコールではありません

発達障害の子もいるが、そうでない子もいる

　発達障害（神経発達症）とは、生まれつきの脳機能の発達に偏りや凸凹があり、生活や対人関係に困りごとが生じていることです。最近は発達障害という概念が広く知られるようになってきたため、保護者から「うちの子、ことばが遅れているのですが発達障害でしょうか？」といったお悩みを相談されることも増えています。

　結論からお伝えすると、ことばの遅れ＝発達障害とは限りません。ただし、発達障害の子どもの中には、ことばの発達に遅れを持つ子ども「も」います。このあたり、混同されている人も多いのではないでしょうか。

ASD、LDの特徴として「ことばの遅れ」を持つ子も

　まず、発達障害はおもに次の3種類があります。

●ADHD（注意欠如・多動症）…不注意、多動性、衝動性などの特性が見られる
●ASD（自閉スペクトラム症）…興味やこだわりが限定される、感覚過敏、コミュニケーションや対人関係に困難を抱えやすい
●LD（学習障害・限局性学習症）…聞く・話す・読む・書く・計算など特定の領域に苦手を感じる

　この中で、ことばの発達の遅れと関わりを持つことが多いのは、ASD（自閉スペクトラム症）です。ASDの子どもは、発語が遅い、話せる単語が少ない、オウム返しをする、一方的にしか話さないなどの特徴をあわせ持つことがあります。ただし、ASD であっても、ことばの発達に遅れを持たない子どももいます。

　また、読み・書き・計算など、学習に何らかの困難を持ち、その原因が発達の特性によるLD（学習障害・限局性学習症）の子どもの中にも、ことばの遅れや苦手が見られることがあります。中には、ASDとADHD、ADHDとLDのように複数の特性をあわせ持っている場合もあります。

背景に知的障害があることも

　また、ことばの遅れの背景に「知的障害（知的発達症）」がある子どももいます。知的障害とは、知的機能の障害により、日常生活に困難を抱えている状態を指します。ADHDとASDをあわせ持っている人がいるように、何らかの発達障害と知的障害をあわせ持つ、ということがあります。

　ほかには、ことばの遅れが耳の聞こえの障害（難聴）に由来していることもあるので要注意です。このように、ことばの発達の遅れにはさまざまな背景があり、またそれらが重なり合っていることもよくあります。その子どもが抱える困難がなにに由来するのかを行動観察と発達検査、知能検査で見極め、また日常の様子を伺うことで見立てを行ない、適切な支援につなげていくのが私たち専門家の役割です。

Q 「おっきい・ワンワン・こわい」 3語文が出てこない

A 2語文や動詞を使う機会を増やしてみましょう

3歳ごろから話せるようになることが多い

「3語文」とは、子どもが3つの単語を使って話すこと。「ママ・ジュース・ちょうだい」「おっきい・ワンワン・こわい」「きいろ・ぼうし・ナイナイ」のように、「が・を・で」のような助詞を使いこなせる一歩手前の、カタコトながらも3つの単語をつなぎあわせた文章を指します。

3語文はおおむね3歳頃から話しはじめる子が多いです。ここでは、なかなか3語文を話さない子どもに、どんな工夫ができるかを考えていきましょう。

まずは2語文のレパートリーを増やしてみる

3歳を過ぎても3語文がなかなか出てこないケースは、もしかしたらその子がお話できる2語文のレパートリーがまだ少ないのかもしれません。2語文にはさまざまなパターンがあります。次に紹介する「2語文」は、いずれもそれぞれ文の構造が異なります。

「ママ きて」<呼びかけ＋命令（お願い）>
「○○ちゃん のむ」<動作をする人（主語）＋動作（動詞）>
「おっきい ふうせん」<様子のことば（形容詞）＋ものの名前（名詞）>
「○○くんの（もの）」<人の名前（名詞）＋所有を表す助詞>

　最後の「○○くんの」は一見すると2語文に見えませんが、人の名前に所有を現す助詞の「の」がついた2語文と捉えることができます。このように、2語文にはさまざまな構造パターンがあります。普段の会話の中でいろいろな2語文を使っていきましょう。

　また、語彙のレパートリーがものの名前（名詞）に偏っていると、文のレパートリーが広がりづらい傾向があります。「食べる」「飲む」「洗う」「投げる」のような動作のことば（動詞）や、「大きい」「きれい」「長い」のような、様子のことば（形容詞）を意識して使っていきましょう。

おすすめはお店屋さんごっこ

　覚える力（ワーキングメモリー）にも注目してみましょう。文で話すときには、複数の単語を頭に浮かべておく必要があります。ざっくり単純化すると、2語文の時期に同時に覚えられる言葉は2つ、3語文の時期に同時に覚えられる言葉は3つ、と考えることができます。

　このような一次的に頭の中に浮かべて覚えておく力を「ワーキングメモリー」と言います。そこでおすすめしたいのが「お店屋さんごっこ」です。たとえば「りんごとみかんとぶどうをください」のように、大人が2〜3つのものを注文し、取ってきてもらう遊びをしてみてはいかがでしょう。遊びを通じてことばを聞く注意力や、ことばを覚えておくワーキングメモリーを高めていくことができます。

　ことばの発達は個々人の持つ素質、環境との相互作用で育まれます。今の子どもの発達ステージに合わせた周囲のかかわりによって、一歩ずつことばを育んでいきましょう。

Q テレビや動画はやっぱり見せないほうがいい？

A ことばの獲得はまず「人」から でも、テレビ＝悪者ではありません

テレビを排除する必要はない

「テレビや動画を見せすぎたせいで、うちの子はことばの成長が遅れてしまったのかも」と悩む保護者がいる一方で、「うちの子はアンパンマンでことばを覚えました」なんて意見も耳にします。テレビや動画の見すぎはことばの発達に悪影響があるのかどうか、気になっている保護者は多いのではないでしょうか。

　子育てにおいてはなにかと「悪者」にされがちなテレビや動画ですが、まず大前提として全面的に生活から排除する必要はまったくありません。保護者の手が離せないときに幼児向け番組や動画を見てもらうなど、上手に活用すれば頼れる存在にもなるでしょう。歯磨きや朝のお支度のような普段の生活に必要な活動を映像で見ることで、「真似してみよう」と学びが進むなど、よい影響ももちろんあります。

ことばの獲得は目の前の「人」から

　一方で、ことばの発達の最初期においては、子どもは「人」からことばを受け取ることが出発点になります。ことばは、３項関係が成立し（19ページ）、相手と同じものに注目することからはじまります。また、自分

の発したサインに他者から応じてもらえた経験が、ことばを獲得する強い
動機になります。「アンパンマンでことばを覚えた」という体験談も、解
きほぐすと映像と音声だけからことばを学んだのではなく、横で一緒に見
ていた大人が「アンパンマンだね」と体験を共有できたことなどが影響し
ているかと思います。

　1語文期を過ぎ、語彙が増えてくる時期には、テレビから新しい単語や
表現を覚えることや、場面・状況に合うやり取りを動画から参考にして真
似することも増えてくるかもしれません。動画のフレーズをまるごと覚え
て繰り返し、大人顔負けのおしゃべりをすることもありますが、実は言っ
ていることの意味はよくわかっていない、ということもあります。

　お友達とのかかわりが増える時期には、テレビや動画の内容をもとに仲
よくなることも増えます。お友達と大好きなアニメのキャラクターを共有
し、社会性を育むきっかけになるかもしれません。

　ご家庭でテレビや動画を楽しく視聴した後に、ぜひ内容について、子ど
もと話をしてください。誰が出てきた？　なにをしていた？　どうなった？
どんな気持ちだったと思う？……。映像で見た出来事を説明したり、出来
事について話をしたりするよい練習になります。映像で印象に残ったもの
をことばにすることで、新たな表現の獲得にもつながります。

　ただし、テレビや動画を見る時間とは別に、静かな環境でことばかけ・
会話をする時間も大切にしてください。子どもの持つ注意を向ける力や聞
く力は、大人とは違って発達途上です。静かな環境ではあせらずにゆっ
たりとやり取りができます。

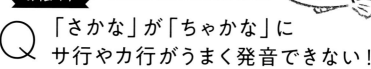

Q 「さかな」が「ちゃかな」に サ行やカ行がうまく発音できない！

A まずは耳の聞こえ、口や舌をチェック

かわいらしい一方で、確認すべきことが

「さかな」が、「ちゃかな／たかな／しゃかな／さたな」になってしまう。

　こうした発音の誤りについての相談はとても多く寄せられます。幼児特有の舌足らずな話し方はとてもかわいらしいものですが、サ行やカ行の発音が苦手、という場合はいくつか確認しておいたほうがいいこともあります。

耳が音をキャッチできていない可能性も

　まず確かめたいのは、耳が聞こえているかどうかです。赤ちゃんは耳からことばを聞いて音を捉え、自分でも音を発するようになります。さらに、自分の発した音を自分の耳で聞くことを繰り返しながら、少しずつおしゃべりが明瞭になっていきます。サ行やカ行が発音できないのは、そもそも「そう聞こえていないから」という可能性もあるのです。

　生まれつき難聴を持つ子どもは1000人に1〜2人の割合です。先天性の難聴を持つ子どもの9割は、耳が聞こえる両親から生まれています。また、先天性ではなくても何らかの病気の合併症などにより、あとから難聴になることもあります。発音が気になる、ことばの発達が遅れていると感じたら、まずは医療機関で聞こえの検査を受けてみましょう。大

人の聴力検査とは異なる、赤ちゃんや幼児でもできるABR（聴性脳幹反応検査）などの聴力検査がありますので、実施できる医療機関に相談してください。

口や舌の器官をチェックする

　聴力に問題がなければ、口や舌など、おしゃべりに使う器官の状態をチェックする必要があるかもしれません。唇や上顎の骨や組織に隙間が空いた状態で生まれてくる口唇口蓋裂は、ほとんどは生後すぐに発見されますが、まれに目視では気づかれないこともあります。

　また、舌の裏についているスジが生まれつき短く、舌を上下左右に動かしづらい舌小帯短縮症という症状も哺乳や食事に支障がない軽微なものだと見過ごされてしまうことがあります。

　どちらも小児科や耳鼻科、歯科を受診して、口の中に異常がないか確認してもらうことができます。診療と治療を行った上で、必要に応じて言語聴覚士などによることばの発達支援を行います。

4歳頃まではあせらず様子を見守って

　聴力や口、舌の器質に問題がなくても、発音の苦手が起こることがあります。3歳前後であれば身体器官の発育、聴覚と運動の連携、運動能力がまだまだ発達途上のため、音を正しく出せないことは珍しくなく、それほど心配する必要はありません。4〜6歳を過ぎても発音できない音がある場合には構音障害に当てはまり、発音練習の対象になります。言語聴覚士の支援や公立小学校の「ことばの教室」の制度を利用しましょう。

Q 「てれび」が「てべり」になる 言い間違いはそのままでおいていい？

A 音韻の入れ替わりは5〜6歳までは見守って

2〜4歳ではよく見られること

「てれび」が「てべり」に、「パトカー」が「パコター」になってしまうように、単語の中の音があちこち入れ替わっていることばの悩みもよくあることです。こうしたケースでは、発音ができない音があるというよりも、単語の中で音を順番通りに並べることが苦手なのかもしれません。

たとえば、「てれび (terebi)」と「てべり (teberi)」、「パトカー (patoka)と「パコター (pakota)」をローマ字で書き取って見比べると、前者は「r」と「b」が、後者は「t」と「k」がそれぞれ入れ替わっていて、それ以外は正しく言えていることがわかりますよね。

私たちは普段あまり意識していませんが、ことばを話すときには頭の中でことばの音をイメージして、分解したりくっつけたりしているはずです。この力は「音韻意識」と呼ばれており、この音韻意識があるからこそ言い間違いをしないように気をつけることができるのです。

こうした言い間違いは2〜4歳の子どもに頻繁に見られるものであり、珍しいものではありません。子どもは音韻意識がまだまだ発達途上です

から、トライ＆エラー、つまりたくさんの言い間違いを繰り返しながら成長していきます。

　ただ、子どもが一生懸命お話をしているのに言い間違いが頻発してほとんど内容が推測できないなど、気になる場合には言語聴覚士に相談してみてください。5〜6歳になっても言い間違いが減らない状況が続く場合には、ことばの支援が必要なケースかもしれません。

音韻意識を育てる遊びを

　音韻意識は正しい発音を獲得する土台になります。それから、文字の読み書きの土台にもなります。LD（学習障害・限局性学習症）のひとつである「発達性ディスレクシア」は字を読むこと・書くことが特異的に苦手な発達障害ですが、この発達性ディスレクシアの背景のひとつに音韻意識の弱さが見つかることがあります。

　発音練習や文字の読み書き練習をするひとつ手前のステップとして、音韻意識を育てる遊びに取り組んでみましょう。ことばの拍に合わせて「り・ん・ご」と手をたたいたり、しりとりやかるた取り遊びをしたりするのが音韻意識を育てる遊びです。

＼ しりとりしてみよう♪ ／

Q ひらがなは早く読める
ようになったほうがいい？

A 幼児期は読み書きよりも
聞く・話す土台を育てるのが先

ことばの力を総合的に育む

「ひらがなはできるだけ早く教えたほうがいいですか？」

　子どもの「ことばの力」が育っていくと、こんな疑問を抱く人も多いようです。また、ことばの遅れが気になる場合に、「ひらがなを教えることでことばが伸びるのでは」と期待する親御さんもいらっしゃいます。結論からお伝えすると、ひらがなを早く読み書きできるようになったからといって、必ずしもことばの力（言語能力）全体が高いということではありません。

　文字を読む能力もことばの力のひとつではありますが、語彙力や文をつくる力、説明などの表現力などとは別で考える必要があります。

　幼児期のことばの発達は、まずは聞くこと・話すことで育まれます。「日常生活の聞く・話す（生活言語）」は、「ことばの力」という大きな建物の土台。土台がしっかり固まった上に、「ことばを使って考える・表現する力（学習言語）」を乗せることができます。なので、読み書きの力だけでなく、ことばの力を総合的に育んでいくことが大切です。

　ただし、ASD（自閉スペクトラム症）などの場合で、文字を手がかり

にコミュニケーションを取ることや、文字を活用したスケジュール表で見通しを立ててあげることで安心する子もいます。文字を早めに獲得することでコミュニケーションがより豊かに取れる、日常生活に役立てることができるならば、ぜひ文字を活用してください。

「いつ頃にひらがなを理解できるようになればいいですか？」と聞かれた場合は、「小学校入学までにひらがな五十音の文字と音が対応するようになるといいですね」とお答えしています。ただし、小さい「や」「ゆ」「よ」やカタカナは、読めるようになるのが入学後の子も多いです。また、幼児期には書くこともまだ難しく、入学後に少しずつできるようになる子が多いでしょう。

読み書きを強要すると逆効果のことも

　一方で、読み書きの苦手があるかも？と、やや気がかりなお子さんもいます。日本語を母語として育つ子どものほとんどは、特別な早期教育などをしなくてもひらがなの読みを入学までに獲得することがわかっています。気になるお子さんの中には、LD（学習障害・限局性学習症）や「発達性ディスレクシア」と呼ばれる学習の苦手が隠れていることがあるかもしれません。その場合にも、低学年のあいだに焦って読み書きの反復練習を強要してしまうと、なかなか成果が上がらず、学ぶこと自体への苦手意識を持つだけに終わってしまうかもしれません。少し気になるな？と感じたら、LD支援や配慮の情報を集めつつ、まずは語彙力や説明力など「聞く・話す」の力をコツコツ育むことから取り組みましょう。

＼ まずはコミュニケーションから！ ／

Q 早期英語教育によって ことばの発達が遅れることはある？

A ことばの遅れと早期英語教育はほぼ無関係

英語が楽しく、好奇心を持つことを目指して

小学校での英語教育が始まり、家庭での早期英語教育についてもさまざまな意見が飛び交うようになりました。とはいうものの、国内に住む多くの人にとって生きた英語に触れる機会を用意するのはまだまだ大変。肩の力を抜いて、「将来学校で英語の勉強がはじまる頃に子どもが英語の楽しさに触れ、英語への好奇心が育っている／英語学習への苦手意識・拒否感を生まない」あたりを目指すのはどうでしょうか。

ひとつ間違いなく言えるのは、母語である日本語をしっかりと育てることが、外国語を学ぶときに必ず力になるということ。子どもが母語を持ち、母語で考え、表現できることはアイデンティティの形成にも大切なことです。

ことばの発達は環境だけでなく、本人の資質も

「幼少期の英語教育の影響で、ことば（日本語）の獲得や発達が遅れてしまったかもしれません」と悩む保護者もいますが、やはり周囲で普段から話されている日本語のインプット量のほうが圧倒的に多いですから、早期英語教育の影響はそれほどないことがほとんどです。ことばの発達は、本人の資質と環境の相互作用。おそらくですが、英語を取り入れたことは関係なく、もともとことばの発達にゆっくりさがあったということなのかもしれません。

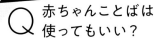

Q 赤ちゃんことばは 使ってもいい?

A どんどん使ってOK ことばの発達が促されます

「ブーブー(車)」「わんわん(犬)」のような赤ちゃんことば(幼児語)は使ってもまったく問題ありません。むしろ時期によっては積極的に使ってOK。

リズムのあるシンプルな音の繰り返しが多い赤ちゃんことばは、聞き取りやすい、印象に残りやすい、子どもが自分でも言いやすいと、メリットがいっぱい。おおよそ2〜3語文を話し出す時期までは、語彙が広がる助けになるので、子どもに合わせて使ってあげてください。

Q ラッパを吹くと ことばが出るの?

A 吹くことで鍛えられるのは 話すときの呼吸や運動

「ことばが出ないなら、ラッパを吹かせればいい」というアドバイスを聞くことがあるかもしれません。これは半分正解ですが、半分は不正解。おしゃべりは、吐く息を声に変えて行いますが、ラッパを吹くと息を吐く力がつき、声がしっかり伸びるようになります。また、口をすぼめて吹き口を唇で支えるのは、おしゃべりの筋肉を使うよい練習になります。ただし、ことばは頭の中で考え、生み出されるもの。口や肺周囲の筋肉で生まれるものではありません。ことばが出ない子どもすべてにラッパがよいかというと、「そうとも限らない」というのが答えになります。

Q ことばの間違い、 言い直しをさせたほうがいい?

A 間違いを指摘せず正解を聞かせて

「さかな」が「ちゃかな」になるなどの発音の誤りをはじめ、子どもは間違ったりつっかえたりしながらことばを獲得していきます。「違うでしょ、そうじゃなくて〜」と何度も指摘すると、おしゃべりへの苦手感が募ってしまうことも。ましてや、注意してもすぐに直せない段階ならばなおさらです。そういうときには間違いを指摘せず、「そうだね、さかなだね」と正解を耳に聞かせてあげる対応で十分です。また、「言い方」よりも「話の内容」にしっかりと注目し、伝える力を伸ばしてあげましょう。

149ページから
切り取って
今すぐ遊んでみよう！

\ なな先生が考案！ /

ことばを引き出す
オリジナル絵カード

//

絵カードのつくり方

149ページからの絵カードを、切り取り線に沿ってハサミまたはカッターナイフで切り取ります。カッターナイフで切り取る際は、カッターマットや段ボールなどの上に置いて切ってください。市販のラミネートフィルムを貼れば耐久性がアップし、防水にもなります。

遊び方

【 うさぎ・くまの絵カード 】

動物・食べもの・動作が異なる8枚のカード。
「誰がなにをしている」の文を言う練習ができます。

① ことばの理解

4枚並べて「りんご食べてる、どーれだ？」（2語文）、8枚並べて「くまさんがケーキ切ってる、どーれだ？」（3語文）のようにクイズを出して、子どもに選んでもらいます。

② ことばの表出（話す）

2〜3枚並べて1枚ずつ指差しながら、「これは、うさぎさんが切ってる。こっちは？」のように尋ねると、2語をつなげて話す練習に、「これは、くまさんがりんごを食べてる。こっちは？」のように尋ねると、3語をつなげて話す練習になります。

4枚並べるときの例1

\ "りんご・切る"どーれだ？ /

4枚並べるときの例2

\ "うさぎさん・切る"どーれだ？ /

③ 助詞の練習

「うさぎさんがケーキを切ってるね」のように、助詞を意識しながら話してもらいます。

④ 「なにで？」と道具を質問する

「なにで食べてる？／なにで切ってる？」などと聞けば、「フォークで」「ナイフで」とやり取りの幅が広がります。

【 おさかな・ちょうの絵カード 】

大きさ・色・生き物の種類が異なる8枚の絵カード。
名詞に修飾語（色や大小）をつけて
詳しく言う練習ができます。

① ことばの理解

4枚並べて「大きいちょうちょ、ど
ーれだ？」（2語文）、8枚並べて
「小さいピンクのさかな、どーれ
だ？」（3語文）のようにクイズを出
して、子どもに選んでもらいます。

4枚並べるときの例1

＼ "大きいちょうちょ"どーれだ？ ／

4枚並べるときの例2

＼ "ピンクのおさかな"どーれだ？ ／

＼ これは？ ＼

② ことばの表出（話す）

2〜3枚並べて1枚ずつ指差ししながら、「これは、小さいちょうちょ。これは？」のように尋ねると、2語をつなげて話す練習に、「これは、青い小さいちょうちょ。これは？」のように尋ねると、3語をつなげて話す練習になります。

【 着替え・食事・トイレ・シャワーの4枚絵カード 】

身近な生活動作が4枚で1組になった絵カード。

① 「どんな順番に並ぶと思う？」と促してみて。
まずは思った順番に並べてもらいましょう。
もし違っていても、すぐに正解を教えるので
はなく、一緒に考えてみて。

② 並べてもらった絵カードを見ながら、1つず
つ「なにをしているところかな？」と聞いてみ
て。「うんうん」とじっくり聞くのがコツ！

絵カードで遊ぶときの大事なポイント

まずは理解（聞いて取る）から

文を言ってもらうのはまだ難しそう、と感じる子どもには、かるたのように言われた通りにカードを取る、「ことばの理解」からはじめてみましょう。

うんうん、それで？

子どものことばをしっかり聞いてあげよう

自分なりに説明をしようとしているときは「うんうん」「そうなんだ」と、じっくりことばに耳を傾けましょう。

難しそうならお手本を見せる

クイズに答えたり、説明したりするのがちょっと難しそうなら、まずは大人が見本をやってみせて。生活動作の絵カードなら、1枚ずつ交代で説明し合うやり方もおすすめです。

間違いはすぐに指摘しないで待つ！

生活動作の絵カードの順番を間違えて並べたり、説明がおかしかったりしても、すぐに指摘せず、少しだけ待ちましょう。自分で気がついて訂正することもあるかもしれません。

え〜っと…

助けてが必要なら教えてOK

子どもがなんと言っていいのかわからず困っているなら、答えを隠さずどんどん教えてOK。何回かパターンを繰り返すことでコツがつかめていく場合もあります。

終わったあとはしっかりほめて！

上手にできたときにノーリアクションはもったいない！すかさずいいところをほめてあげてください。ほめ方には大人のそれぞれのスタイルがあってOKです。「できた！」を一緒に喜びましょう。

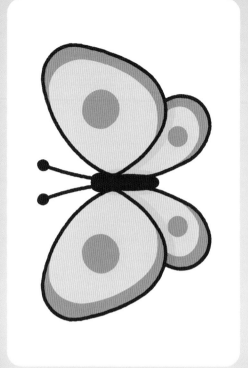

おわりに

　ことばの相談場面やSNSでは、わが子のことばの発達が「標準」かどうか知りたい、という保護者の方の不安の声をよく耳にします。その背景には、同じ月齢の子どもを一堂に集めて行う乳幼児健診など、私たちの社会が不安を煽るような仕組みがあることも影響しているかもしれません。もちろん、乳幼児健診そのものは成長や発達を見守る大事な機会ではありますが、「わが子と他の子を比べてしまう」側面もあるからです。

　また、お子さんのことばに関して不安なことがあり知りたいとなったときに、安心できる確かな情報が少なく、どうすればいいのか、なにかできることはないのか、次の一歩が見えてこない実情も関係しているのでないでしょうか。

　本書は、「子育てで知りたいことばの発達についての情報をお届けする」「ことばのことが気になるときに少しだけ丁寧なことばかけや環境づくりを行ってみる」「必要があれば専門家に頼ることができる」……そうしたことを応援するために製作しました。

　なるべく身近で手に入りやすいおもちゃや絵本を取り上げ、使い方の例まで写真でリアルにお見せすることを大切にしました。日頃から言語聴覚士として実践している、ことばを育む遊び方の工夫を少しでもお伝えできたならばとても嬉しいです。

　最後になりましたが、この本の製作に伴走してくださった担当編集の加藤さん、ライターの阿部さん、フォトグラファーの野中さん、デザイナーの滝本さん、そしてモデルをしてくださったお子さんたちに感謝を述べたいと思います。

　さて、お子さんと、おもちゃや絵本で楽しく遊びましょう。

寺田奈々

おもちゃ取り扱い
SHOP LIST

38～97ページで紹介しているおもちゃの取り扱いショップ一覧です。
URLはホームページまたはオンラインストアを掲載しています。

(アイアップ) ………… https://www.eyeup.co.jp/
ニコバーガーゲーム

(AND CHILD) ……… https://www.andchild.jp/
スターコマ

(イケアジャパン) ……… https://www.ikea.com/jp/ja/
ティッタ・ジュール（指人形）

(オノ・グラフィックス) …… https://onographics.com/
五味太郎 しりとりぐるぐるカード（どうぶつ）

(学研ステイフル) ……… https://www.gakkensf.co.jp/
おさるのジョージ スリーヒントカードゲーム

(カワダ) ……………… https://www.kawada-toys.com/
積み木（白木＆カラー）50

(くもん出版) ………… https://shop.kumonshuppan.com/
くるくるチャイム、くろくまくんの10までかぞえてバス、
ジャラットプレート、くもんのひらがなつみき、
くもんの玉そろばん120

(コトリドリル) ……… https://stkotori.thebase.in/
なぞなぞ出せるよ シート＆カード、2語文つくろうパズル

(コンビ) …………… https://www.combi.co.jp/store/
コップがさね

子どもの本とおもちゃ 百町森 ·········· https://www.hyakuchomori.co.jp/
スピンアゲイン、かえるさんジャンプ、
シロフォン付玉の塔、スティッキー、プラステン、
虹色のへび、ハリガリ、雲の上のユニコーン、
どれがかわったの？

トビラコ ·········· https://tobiraco.co.jp/
トーキングゲーム

永岡書店 ·········· https://www.nagaokashoten.co.jp/
たのしいすごろくランド

フライング タイガー コペンハーゲン ··· https://blog.jp.flyingtiger.com/
さんすうフレンズ

ボーネルンド ·········· https://ec.bornelund.co.jp/shop/
リトル・ベビーステラ、アンビトーイ トランペット、
バス・ストップゲーム

マテル ·········· https://mattel.co.jp/fisher_price/
ゆらりんタワー（エコ）、
はじめてのブロック（レインフォレスト）

ラングスジャパン ·········· https://www.rangs.jp/
オーボール

RiZKiZ ·········· https://rizkiz.jp/
おままごとセット

参考資料・URL

- 『子どもの吃音ママ応援BOOK』 菊池良和 著　学苑社
- 『ことばの不自由な人をよく知る本』 中川信子 阿部厚仁 著　合同出版
- きこえない・きこえにくいお子さんを持つパパ・ママのための情報支援ポータル
  https://www.jfd.or.jp/sgh/okosan/
- NPO法人EDGE　https://www.npo-edge.jp/
- カラフルバード〜CBLD〜｜LDの多様な学び方を探る　https://sld-colorfulbird.com/

寺田奈々（てらだ・なな）
言語聴覚士

慶應義塾大学文学部卒。総合病院、区立障害者福祉センターなどに勤務し、年間100症例以上のことばの相談・支援に携わる。2020年3月に「ことばの相談室ことり」を開業。臨床のかたわら、「おうち療育」を合言葉にコトリドリルシリーズを制作・販売。専門は、子どものことばの発達全般、吃音、発音指導、学習面のサポート、失語症、大人の発音矯正。著書に『0～4歳 ことばをひきだす親子あそび』（小学館）。1児の母でもあります。

X stkotori　Instagram stkotori

Staff

モデル	さえちゃん&さえちゃんママ
	ピオヴァロヴ 悠利
撮影	野中麻実子
	青柳敏史（絵カードの遊び方）
イラスト	池谷夏菜子
編集	阿部花恵
ブックデザイン	pasto（滝本理恵）
校正	佑文社

言語聴覚士 なな先生が考案！ すぐに試せる絵カード付き
発達障害&グレーゾーン幼児の
ことばを引き出す遊び53

2023年11月16日　発　行　　　　　　　　　　NDC379.9
2024年11月11日　第2刷

著　　　者　寺田奈々（てらだ なな）
発　行　者　小川雄一
発　行　所　株式会社 誠文堂新光社
　　　　　　〒113-0033 東京都文京区本郷 3-3-11
　　　　　　https://www.seibundo-shinkosha.net/
印刷・製本　TOPPANクロレ株式会社

©Nana Terada.2023　　　　　　　　　　　　Printed in Japan

ISBN978-4-416-52377-3